HE VISTO A DIOS

UNA LLAMADA PARA DESPERTAR TU CORAZÓN

ANNE GRAHAM LOTZ

Vida

DEDICADOS A LA EXCELENCIA

HE VISTO A DIOS
© 2006 EDITORIAL VIDA
MIAMI, FLORIDA

Publicado en inglés bajo el título:
I Saw the Lord
por The Zondervan Corporation
© 2006 por Anne Graham Lotz

Traducción: *dwD Asesores*
Edición: *dwD Asesores*
Diseño interior: *dwD Asesores (A.E.V.)*
Diseño de cubierta: *Grupo Nivel Uno, Inc.*

RESERVADOS TODOS LOS DERECHOS.

ISBN: 0-8297-4628-5
CATEGORÍA: VIDA CRISTIANA / CRECIMIENTO ESPIRITUAL / GENERAL

IMPRESO EN ESTADOS UNIDOS DE AMÉRICA
PRINTED IN THE UNITED STATES OF AMERICA

06 07 08 09 10 ❖ 9 8 7 6 5 4 3 2

Dedicado a la iglesia y

a todos aquellos que anhelan ver a Jesús... otra vez.

¡Mis ojos han visto al Rey, al Señor Todopoderoso!
Isaías 6:5

ÍNDICE

Con mi eterna gratitud para quienes mandan señales de alerta, las presidentas de los Equipos de Avivamiento *Just Give Me Jesus* [Solo denme a Jesús] 2000-2005, mujeres que han respondido al llamado del avivamiento personal y derramaron sus vidas al emitir ese llamado a otras personas:

Ann Furrow, Dee Haslam, Donna Cobble
Knoxville, Tennessee

Janet Denison
Dallas – Forth Worth, Texas

Mary Frances Bowley, Karen Loritts
Atlanta, Georgia

Marilyn Thomas
Kansas City, Missouri

Darlene Barber
San Diego, California

Dana Iverson, Sue Asp, Nancy Perkins
Fargo, North Dakota

Myrl Glockner
Minneapolis – St. Paul, Minnesota

Laura Caison, Mary Marchman
Raleigh, North Carolina

Michelle Yount
Phoenix, Arizona

Deborah Harris, Marilyn Chambers
Charlotte, North Carolina

Verna Pauls
Denver, Colorado

Heather Gills, Trisha Emerson,
Cheryl Anderson, Debbie Christensen
Tampa, Florida

Sue McGee, Rosz Akins
Lexington, Kentucky

Dr. Rhee Kwangja, Dr. Chung Hwak Sil
Seúl, Corea del Sur

Sheena Gillies, Margaret McVeigh, Jean Wilson
Londres, Inglaterra

Elizabeth McQuoid, Juliet Lloyd,
Cardiff, Wales

Bethsaida, Lamar
San Juan, Puerto Rico

Pam MacRae
Chicago, Illinois

Doris Gillett, Valerie Vicknair, Colleen Nordlund
Seattle, Washington

Lucía Bergen, Anita Neufeld, María Gloria Duarte
Asunción, Paraguay

Shirley Barber, Naomi Cox, Marge Ainley
Fresno, California

Kitty Proctor, Mary Selzer
Detroit, Michigan

Nadezhda Komendant
Kiev, Ucrania

Una señal de alerta

Tenía ya tres días ofreciendo conferencias de forma continua y esa noche me derrumbé en la cama, quedándome muerta de sueño antes de que mi cabeza siquiera tocara la almohada...

Con el paso del tiempo y no tan temprano en la mañana, los brillantes rayos matinales que pasaban a través de la persiana hicieron que se abrieran mis ojos dormidos . Al estar en la cama, disfrutando del calor debajo del cobertor, mi mente comenzó a agitarse antes de que mi cuerpo lo hiciera. Mi primer pensamiento fue: *¿Por qué el sol está tan alto a esta hora tan temprana?* Luego mi cuerpo se agitó y me rodé para mirar el reloj. ¡Las 7:30! Por un momento me quedé anonadada. Luego salté apresuradamente de la cama emitiendo un apenas audible «¡Oh, no!».

Estaba programado que yo dirigiera las sesiones matinales finales de mi seminario intensivo en The Billy Graham Training Center [Centro de Capacitación Billy Graham] en The Cove [La Ensenada], ¡a las 8:00! Y mi participación no solo consistía en un mensaje de sesenta minutos seguido de un servicio de consagración, ¡también debía dirigir la Santa Cena por primera vez!

Levantando el reloj, lo agité violentamente y demandé en silencio: *¿Por qué no sonaste? ¡Ahora no tengo tiempo de preparar todo lo que tengo que hacer esta mañana! ¡Ni siquiera tengo tiempo*

de vestirme! ¡No debí confiar en ti, tonto reloj! ¡Hubiera pedido que
me llamaran de la recepción para despertarme!

¿Te has quedado dormido sin escuchar la alarma? ¿O te
diste cuenta demasiado tarde de que no funcionó porque por
error lo ajustaste en PM en vez de AM? Jamás olvidaré la horrible sensación que tuve esa mañana en The Cove cuando mi
alarma no funcionó, por cualquiera que haya sido la razón.
Dormí, dormí y dormí, apaciblemente sin percatarme en lo
absoluto de la hora.

Aprendí de la forma difícil que necesito que me llamen de
la recepción para despertarme cuando estoy de viaje ministerial de manera que no se me pierda algo importante. Sin
embargo, de vez en cuando, también necesito eso en mi propia vida. La rutina diaria de las responsabilidades, el desafío
interminable de las fechas límite, la presión persistente de los
problemas, y el agitado paso de la vida diaria tienden a preo-
cupar mis pensamientos y mi tiempo con la urgencia del
momento. Si no tengo cuidado, puedo perderme algo vital
que Dios me tiene preparado; algo que él quiera que vea o
haga, alguna bendición que quiere darme a mí o alguien más.

Creo se nos dio que esta clase de mensaje vital durante la
semana del 29 de agosto de 2005. Dos días antes de que tocara
tierra, un huracán de categoría 1 repentinamente se elevó a la
categoría 5 al pasar sobre las aguas excepcionalmente cálidas
del Golfo de México. Su nombre era Katrina y llegó a la orilla
esa mañana de lunes justo al Este de Nueva Orleáns, erradi-
cando con efectividad todo lo que se encontraba a cientos de
millas. La miseria humana que dejó en su estela se describió
como un desastre de proporciones bíblicas. Pueblos enteros
quedaron como montones de escombros. Varias plataformas
petrolíferas fueron arrancadas de sus amarras y se estrellaron
en tierra, dando el aspecto de torres Eiffel desplazadas y levan-
tadas sobre tiraderos de basura. Había botes encima de las
copas de los árboles, casas que fueron arrastradas hacia el mar,

automóviles sumergidos en las piscinas, cuerpos inertes flotando en las calles de la ciudad y, en todas partes... ¡en todas partes!..., no solo se percibía el abrumador hedor de la muerte sino la fetidez del temor y el dolor, impotencia y desesperación.

El huracán Katrina fue una retumbante señal de alerta, no solo para Nueva Orleáns y la Costa del Golfo, sino para esta nación entera. ¡Despierten Estados Unidos! ¡El desastre puede golpear en cualquier momento! Su prosperidad sin precedentes, su tecnología avanzada, y su impresionante milicia no garantizan su inmunidad a la muerte, la enfermedad, la desesperanza y la devastación repentina. La bendición anterior de Dios no significa que les estarán seguros hoy o en el futuro. Su esperanza no está en el gobierno local o federal. Su esperanza solo está en el Señor. Con todo su conocimiento de cómo hacer las cosas y sus ideas innovadoras, creativas y al punto, no pueden predecir su futuro o asegurarlo. Dios tiene su futuro en sus manos, y necesitan estar a cuentas con él.

¿Tú crees que los Estados Unidos de América escucharon la señal de alerta?

Jesús relató una parábola que vino a mi mente mientras observaba en los noticieros reportes acerca de las fiestas por el huracán que se llevaron a cabo en la calle Bourbon en el Cuadrante Francés de Nueva Orleáns la noche anterior a la llegada de Katrina a tierra. Jesús describió a un hombre rico que produjo una buena cosecha y luego se dijo a sí mismo: «"Alma mía, ya tienes bastantes cosas buenas guardadas para muchos años. Descansa, come, bebe y goza de la vida". Pero Dios le dijo: "¡Necio! Esta misma noche te van a reclamar la vida"».[1]

Varios días después de la tormenta y la inundación que ocurrieron cuando se rompieron los diques que protegían a Nueva Orleáns, algunas fuentes noticiosas reportaron que algunos bares todavía permanecían abiertos en la calle Bourbon. Esto además de llevarse a cabo un desfile del orgullo homosexual tal y como estaba planeado. Además del desfile y los negocios, hubo cientos de individuos que saquearon e inclusive dispararon a los equipos de rescate mientras reinaba la anarquía dentro de la ciudad. Era una atmósfera de desafío a toda responsabilidad y código moral. Pequeñas personas hechas de polvo agitaron sus pequeños puños hechos de polvo ante el rostro de Dios, haciendo oídos sordos a lo que seguramente era una señal de alerta.

Mientras escribo esto, el huracán Rita, otra devastadora tormenta, arroja una destrucción masiva sobre un área todavía más amplia de la Costa del Golfo. Y aunque millones huyeron de la poderosa amenaza de Rita, el primer negocio que se reportó oficialmente abierto en el Cuadrante Francés de Nueva Orleáns fue un club nudista cuyos dueños expresaron su deseo de hacer su parte «entreteniendo» a los cansados bomberos y oficiales de la policía de la ciudad.

Mis ojos se llenaron de lágrimas y mi corazón comenzó a dolerse por causa de las personas desamparadas, sin hogar y sin esperanza, cuyas vidas enteras fueron devastadas junto con la Costa del Golfo, y me pregunté cómo podía ser que tantas personas se quedaron dormidas, y todavía siguen durmiendo, ¡sin escuchar una señal de alerta tan fuerte!

¿Qué me dices de ti? ¿Escuchaste la señal de alerta en los truenos reverberantes de las bombas que hacían eco a través de las calles de Londres? ¿O en la aguda explosión que dejó automóviles enmarañados y una carnicería humana en las estaciones de tren madrileñas? ¿O en el rugido de las olas de diez metros que ocasionaron muertes repentinas y una destrucción arrolladora al Sur de Asia?

Tal vez la señal de alerta en algún modo requiere ser directamente personal antes de que podamos oírla...

Para mí, la señal de alerta de Dios vino en el ataque a los Estados Unidos del 11 de septiembre de 2001. «Dormía» apaciblemente a través de mi rutina familiar y ministerial, cumpliendo fielmente con mis obligaciones y responsabilidades. Sin darme cuenta, quedé adormecida en cierta actitud autocomplaciente y pasiva hacia las cosas que no habían representado presión de momento pero que eran de importancia primordial en el esquema general de las cosas.

Cuando sonó el teléfono ese martes por la mañana, escuché la ansiosa voz de mi hija menor que me urgía a encender el televisor porque un avión se había estrellado en las torres del World Trade Center [Centro Mundial de Comercio] en la ciudad de Nueva York. Pensando que se trataba de un avión pequeño de un solo motor que se había desviado de su ruta, no estaba preparada para lo que apareció en la pantalla. Sentada entre la belleza callada y serena de mi cómodo solar, observé con pasmoso horror cuando la primera torre se incendió como una antorcha gigantesca de gas butano. Luego, de forma increíble, ¡un segundo avión se estrelló en la segunda torre! Cuando las cámaras de televisión hacían tomas panorámicas de la caótica escena y seguían la agitación del personal de emergencia en el área afectada, la voz del reportero perdió su tono profesional y gritó: «¡La torre se está derrumbando!».

En unos cuantos momentos que parecieron congelarse en el tiempo, y en una escena salida directamente del infierno, la primera torre hizo implosión, seguida de la segunda torre.

Repentinamente, la pantalla del televisor se dividió en dos partes. En un lado yo podía ver la nube en forma de hongo de humo, polvo y escombros que se levantaba siniestramente en el Bajo Manhattan; en el otro lado podía verse una seción del Pentágono en llamas.

Luego, mientras el locutor reportaba que un avión había chocado a toda velocidad en el Pentágono, una tercera imagen reveló un humeante cráter en un campo de Pennsylvania en donde un cuarto aeroplano se había estrellado en picada, desintegrándose al impacto y provocando la muerte de todas las personas a bordo.

Las lágrimas corrieron sobre mis mejillas, mi corazón se quebrantó, y escuché mi propia voz clamando: «¡Oh, Dios, no! ¡No! ¡Muchas personas están muriendo! ¡Ahora mismo! ¡Dios, ayúdales!». Sentada y paralizada, con mis ojos pegados a la pantalla del televisor, yo sabía que las personas en ese momento estaban entrando a la eternidad, y me pregunté: *¡¿Cuántas personas fueron a trabajar esta mañana, estacionaron sus automóviles, subieron por el elevador, abrieron las puertas de sus oficinas, encendieron sus computadoras, se sirvieron una taza de café, tomaron el teléfono y... luego, en un abrir y cerrar de ojos, ¡se encontraron en la eternidad, delante de Dios!*

Luego pensé, *¿cuántos de todos los que están entrando a la eternidad en este momento no están listos para encontrarse con Dios?*

Fue ahí que vino la señal de alerta: *Anne, ¿cuántos de todos los que están entrando a la eternidad no están preparados para encontrarse con Dios porque personas como tú han sido tan «políticamente correctas» que nadie les dijo nunca...*

que Dios les ama,
que quiere que vivan con él para siempre en su hogar celestial,
que dio a su único Hijo, Jesús, para que sea su Salvador,
que a través de la fe en él podrían tener...

perdón de pecados,
una relación correcta con Dios,
paz en sus corazones,
y la esperanza segura de la vida eterna?

Ese día, Dios me despertó y encendió mi corazón para contarle a otras personas las gloriosas noticias del evangelio de Jesucristo: que a través de la fe en Jesús, sin importar lo que ocurra en esta vida, podemos estar seguros para siempre. Muy poco tiempo después del 9/11, él utilizó esta señal de alerta personal para abrir mis ojos a la necesidad desesperada de una señal de alerta más grande, más amplia y de mayor extensión... dentro de la iglesia.

La necesidad de una señal de alerta a la iglesia quedó en el centro de atención, de manera muy precisa, varios días después del 9/11, cuando fui invitada a participar en un programa nacional de noticias por televisión. The Early Show en CBS se transmite desde Nueva York, pero pude interactuar con la conductora Jane Clayson por medio de una conexión remota a un lugar en la ciudad donde vivo.

La mañana de la entrevista, estaba sentada sola en un pequeño estudio de transmisión enfrentando la vista impersonal y fría de los lentes de la cámara. Unas luces brillantes que apuntaban en mi dirección revelaban cada cabello despeinado sobre mi cabeza, cada mancha de piel sobre mi rostro y cada una de mis arrugas. El audífono en mi oído izquierdo crujía con estática mientras una voz me pedía que contara hasta cinco para verificar el sonido del micrófono que estaba enganchado discretamente a mi solapa. Al hacerlo, quedé impresionada por lo pequeña que sonaba mi voz en el aire inerte de lo que se sentía como una celda de concreto entrecruzada por cables, inundada con luz de alta intensidad, y tensa con la expectativa de salir al aire ante los millones de personas que constituían la audiencia del programa nacional de televisión.

Los dramáticos sonidos de la comunicación urgente de los miembros del equipo de producción a través de mi audífono me alertaron respecto a que el programa en el que yo iba a participar estaba saliendo de un corte comercial. Sin un monitor para distraer mi atención de los lentes de la cámara y por lo tanto sin imagen de la persona con quien yo estaría hablando, escuché a Jane Clayson hacer una breve presentación de mi persona. Luego se inició la entrevista:

CLAYSON: Señora Lotz, nos hemos dirigido con mucha frecuencia a su padre, el Reverendo Billy Graham, en momentos de crisis nacional. ¿Qué es lo que él piensa acerca de lo que ocurrió el martes?

LOTZ: Hablé con él anoche luego de que ustedes llamaron para acordar esto. Él está reaccionando como muchísimos cristianos en todo el país. Todos estamos orando. Sé que las familias y los amigos de víctimas difícilmente pueden siquiera orar por ellos mismos. No están seguros de qué decir o de cómo orar. Me quiero dirigir a ellos para decirles que hay miles de personas en este país que están orando por ustedes en este mismo momento. Estamos orando por ustedes con corazones llenos de compasión y dolor, pidiendo al Dios de toda paz y al Dios de todo consuelo que descienda de una forma especial en su vida y satisfaga sus necesidades en este momento. Mi padre y mi madre están orando también de la misma forma.

CLAYSON: Este dolor para muchas de estas personas es algo que no se puede comprender y, en un tiempo como este, es fácil perder la fe. ¿Cómo se mantiene la fe en un momento como este, Señora Lotz?

LOTZ: En un momento como este, casi es más fácil tener fe, porque no contamos con ninguna otra cosa. He podido observar que esta nación se vuelve a la oración. Usted lo sabe, hemos visto vigilias de oración. He visto el reportaje sobre la vigilia de oración anoche en el Capitolio. Creo que es un momento para volvernos hacia Dios. Esas torres del World Trade Center simbolizan nuestra nación. Nuestra nación ha sido golpeada y devastada por este día de terror, y ahora creo que nuestra elección como nación está entre colapsarnos y desintegrarnos emocional y espiritualmente o elegir ser más fuertes. En este mismo momento, tenemos la oportunidad para salir de esto con más fortaleza espiritual de la que hemos tenido en el pasado, si nos volvemos a Dios.

CLAYSON: Hay una sensación de ira entre mucha gente y con justa razón. He escuchado a personas, tanto religiosas como no religiosas, decir lo siguiente: «Si Dios es bueno, ¿cómo pudo permitir que esto ocurriera?». Respecto a eso, ¿cuál es su comentario...?

LOTZ: Dios también se enoja cuando ve algo como esto. Y yo diría también que durante ya varios años, los norteamericanos, en cierto sentido, han agitado sus puños hacia Dios, diciendo: «Dios, te queremos fuera de las escuelas, fuera del gobierno, te queremos fuera de nuestros negocios y fuera de nuestros mercados». Y Dios, quien es un caballero, se ha retraído silenciosamente de nuestra vida nacional y política, y de nuestra vida pública, quitando su mano de bendición y protección. Necesitamos volvernos a Dios, antes que nada, y decirle: «Dios, lamentamos la forma en la que te hemos tratado; te invitamos ahora a entrar en nuestra vida nacional. Ponemos nuestra confianza en ti». Tenemos en nuestras monedas el lema *Trust in God* [Confía en Dios]. Necesitamos ponerlo en práctica.

CLAYSON: Como consejera espiritual, ¿cómo definiría los sentimientos de las personas en este país en este mismo momento?

LOTZ: Estuve viendo el televisor el primer día, y entrevistaron a un obrero de la construcción que había sido testigo presencial de todo esto desde un edificio próximo al World Trade Center. Él les dijo: «¿Que cómo me siento? Vi que se estrellaron aviones en este edificio. Vi a personas caer desde el cielo. Tengo el corazón en la garganta». Siento que yo podría decir lo mismo. Uno no tiene pensamientos que articular. Sientes el corazón en la garganta. Difícilmente puedes soportarlo. Estás como paralizado. Sin embargo, yo me respaldo en mi fe en Dios. Nuestro fundamento es la fe en Dios y la estructura que construimos sobre ese fundamento es lo que nos permite soportar algo como esto.

CLAYSON: Usted cree que aún llevar a estos terroristas a juicio no traerá una paz completa a nadie. ¿Por qué dice eso?

LOTZ: No la paz en el corazón. No hay nada que pueda hacerse para regresar a los seres queridos a la vida y nada se puede hacer para regresar su vida al estado que tenía antes del martes. Así que hallar a los perpetradores no va a consolar a las personas que perdieron a sus seres queridos. Ese es un consuelo que solo puede proporcionar Dios. Dios sabe lo que es perder a un ser amado. Él entregó a su único Hijo en la Cruz, y sabe qué se siente ver sufrir a un amado en una muerte horrorosa. Así que él entiende, él está emocionalmente involucrado en nuestro dolor, él tiene las respuestas que necesitamos, y puede traer un consuelo que va más allá la comprensión humana.

CLAYSON: Hay una sensación de impotencia en muchas personas aquí en Nueva York, en Washington y en todo el país. Como consejera espiritual, ¿cuál sería su recomendación?

LOTZ: Me parece que el gobernador Keating lo dijo muy bien. Cuando le preguntaste sobre lo primero que hizo luego del bombazo en la ciudad de Oklahoma, él dijo: «orar». Necesitamos orar, y necesitamos orar por la gente que no puede orar por sí misma en este momento. Creo que necesitamos clamar a Dios y pedirle que perdone nuestros pecados y que sane nuestra tierra. Dios es más grande de lo que a veces pensamos que es, y él puede resolver esto. Nos puede dar respuestas. Nos puede dar sabiduría. Nos puede dirigir a través de esto de una forma que nos haga una nación más fuerte; pero tenemos que volvernos a él.

CLAYSON: Este acontecimiento cambió a nuestra nación para siempre. ¿Qué nos comenta acerca de esto?

LOTZ: Oro por que Dios utilice este acontecimiento para cambiarnos para siempre de una forma positiva y para fortalecer nuestra fe en él. Pienso en todos aquellos que murieron en esta tragedia, y no importa ahora mismo cuál era su afiliación política o a qué denominación pertenecían o qué religión practicaban o cuál era el color de su piel, o si eran jóvenes o viejos, o su portafolio de inversiones; lo importante es su relación con Dios. Me gustaría ver que a los norteamericanos concentrarse en las cosas primarias; en las cosas que son más importantes que el entretenimiento, el placer y el hacer dinero.

CLAYSON: Dejaré que eso sea el comentario final. Señora Anne Graham Lotz, aprecio mucho su presencia esta mañana. Nuestros mejores deseos para su padre, el Reverendo Billy Graham.

LOTZ: Gracias Jane, yo le haré saber eso. Dios le bendiga.

Una transcripción de la entrevista se capturó en Internet y dio la vuelta al mundo a través de los correos electrónicos de la gente a sus amigos en otras partes del mundo, compartiendo mis palabras con un mundo que buscaba respuestas para la devastación que resultó del ataque a los Estados Unidos. Por providencia divina, Jeffrey Donaldson, miembro británico del parlamento de Belfast, Irlanda del Norte, recibió una copia de la transcripción. Luego de orar y de confirmar con otros líderes, me extendió una invitación para ser la primera persona fuera de la Gran Bretaña, y la primera mujer, en dirigir el discurso principal en el Desayuno Nacional de Oración del Parlamento en el Westminster Hall en Londres. Yo acepté.

La noche anterior al desayuno de oración se llevó a cabo una recepción en el histórico departamento del Presidente del Parlamento, el Honorable Michael Martin, MP, localizado dentro de la sede del Parlamento. El señor Donaldson relató a las varias docenas de líderes religiosos y políticos invitados especialmente, que yo había sido invitada a ofrecer el discurso en el Desayuno Nacional de Oración de la mañana siguiente porque él leyó una transcripción de la entrevista que me hicieron en el programa *The Early Show* de la CBS. Dijo que estaba convencido de que lo que yo dije en esa entrevista fue el mensaje de Dios para los Estados Unidos de América luego del 9/11, y que estaba igualmente convencido de que Dios me había dado un mensaje para su nación. Teniendo como fondo el sonido del fuego al consumir la madera en la chimenea detrás de él, se volvió hacia mí en ese salón abarrotado de dignatarios que murmuraban ahora por causa de sus palabras. Me dijo: «Estamos orando por que Dios nos hable a través de usted».

Regresé a la habitación del hotel e hice pedazos el mensaje que había preparado cuidadosamente. A la luz de todo lo que se había transpirado en el departamento del presidente parlamentario, parecía totalmente insípido y artificial. Caí de rodillas y supliqué a Dios honrar la valiente fe de Jeffrey Donaldson dándome su mensaje para ese tiempo.

Este libro contiene el mensaje que Dios me dio esa noche mientras temblaba de rodillas delante de él. Es una versión ampliada de lo que atrevidamente comuniqué a más de seiscientos líderes nacionales en el mismo y gélido salón en el que William Wallace, el afamado Braveheart [Corazón valiente], fue ejecutado y en el que la Reina Madre asumió el gobierno.

Esta es una señal de alerta para la iglesia ... para los corazones del pueblo de Dios. Es un llamado que enciende un anhelo para ver a Jesús otra vez...

Un anhelo por ver a Jesús... otra vez

Durante los últimos meses mi agenda había estado caótica. Viajar, conferenciar, escribir y asuntos de negocios, aunados a las responsabilidades en casa y con mi familia me mantuvieron tan ocupada que no tuve tiempo para mí, y mucho menos tiempo para conducir mi auto cuatro horas hacia el oeste para visitar a mis padres. En los escasos días en los que pude volver a tomar control de mi agenda y que apretujé la visita, sufrí de gripe, ¡tres veces! Mis padres están luchando con sus propios problemas de salud, así que no me atreví a estar en su presencia ni con el mínimo resfriado.

Hablo con mi madre de vez en cuando por teléfono. Esas conversaciones siempre me dejan animada; me encanta el sonido de su voz. Al mismo tiempo, cuando cuelgo el teléfono estoy de alguna forma deprimida porque no puedo estar con ella en persona; y estoy muy consciente de que ella no es inmortal.[1] No le llamo tanto como debería o tanto como quisiera. Me siento dividida entre en dónde estoy —aquí— y en dónde quiero estar —allá, con ella—.

Anhelo ver a mi madre... otra vez. Anhelo sentarme junto al fuego en su recámara y ver la chispa en sus ojos alegres mientras me cuenta alguna anécdota graciosa. Anhelo ver la expresión inteligente en su bello y delineado rostro, mientras me escucha comunicarle algo. Anhelo ver el gesto de bienvenida de sus manos mientras las extiende para abrazarme, o los rápidos gestos de sus manos que palmean espontáneamente de gozo, o los gestos elegantes de sus manos mientras juguetea distraída con su collar de perlas, o la adorable gentileza de sus manos mientras da vuelta a las viejas páginas de su Biblia. Anhelo verla, anhelo escucharla, anhelo simplemente estar en su presencia porque, con todo mi corazón, yo amo a mi madre.

Y con todo lo apasionadamente que amo a mi madre y anhelo estar con ella, amo a Jesús todavía más. Hablo con él de vez en cuando en oración, aunque sé que no oro tanto como debería o tanto como quisiera. Amo el sonido de su voz cuando me habla a través de su Palabra. Y me siento dividida entre en dónde estoy —aquí— y en donde quiero estar —allá, con él—.

Yo anhelo...

que el viento de su Espíritu sople calma en el caos de mi vida,

que la totalidad de su sabiduría ordene los pensamientos de mi mente,

que la suficiencia de su fuerza envuelva la debilidad de mi cuerpo,

que la abundancia de su bendición sature la pobreza de mi espíritu,

que el gozo de su voluntad me proporcione placer en mi jornada,

que el refugio de sus brazos sean el escudo contra mis temores,

que lo delicado de su toque despierte los sentimientos de mi corazón,

que la compasión de su corazón me envuelva y me mantenga cerca.

Anhelo ver a Jesús... otra vez.

Considerando lo fuerte de mi amor por Jesús, se podría esperar que mi hambre por su presencia y mi urgente anhelo por verle otra vez fuesen una fuerza motivadora y constante en mi vida.

Sin embargo, en ocasiones, ...

en la agitación de mis días,
o los deberes del ministerio,
o los viejos hábitos de mi adoración,
o la rutina diaria de mi hogar,

el anhelo se convierte en autocomplacencia, y dejo pasar las oportunidades para estar con él. Es en ese momento en el que necesito una señal de alerta, una sacudida que nos empuje a buscar el avivamiento de nuestra pasión, la cual comenzó como un fuego abrasador y poderoso pero que de algún modo tiende a reducirse a un cómodo, pero débil e ineficaz, resplandor.

El avivamiento que necesitamos no se refiere a una campaña o a una serie de servicios diseñados para salvar a los perdidos.

Más bien, es...

«respirar el aliento de Dios»,
«Dios purificando a su iglesia»,
«las personas saturadas de Dios»,
«la irrupción del Espíritu en un cuerpo que amenaza con convertirse en cadáver»,
«una obra del Espíritu de Dios entre su pueblo ...
lo que denominamos avivamiento es simplemente cristianismo neotestamentario; los santos recuperando su estado natural».[2]

Para ti, ¿qué es el avivamiento?

Para algunos de nosotros, la palabra *avivamiento* provoca imágenes de pasillos cubiertos de aserrín, exabruptos emocionales, canciones desafinadas, predicación de alguien que señala con el dedo índice y oración combativa en contra del infierno. Sin embargo, el avivamiento del que estoy hablando, el avivamiento que Dios nos llama a experimentar, es algo totalmente distinto. Se trata, más bien, de un avivamiento auténtico y *personal*.

Una semanario nacional muy importante, publicó recientemente un artículo en su portada acerca de la espiritualidad en los Estados Unidos de América. El autor reportó que la espiritualidad, el impulso a comunicarse con lo Divino, está prosperando. En el artículo se afirma que «el 75% de los norteamericanos dicen que una razón muy importante de su fe es forjar una relación personal con Dios» y que «si se siente a Dios dentro de uno mismo, entonces la cuestión más importante está solucionada. El resto son solo detalles». El autor concluyó que el mundo está lleno de «personas hambrientas que buscan una relación más profunda con Dios».[3]

En este libro, haré mi mejor esfuerzo por explicarte cómo puedes experimentar una relación auténtica, profunda y más rica con Dios en un avivamiento que cambie tu vida y sea como un fuego abrasador. Y entremezclados en el camino, te contaré la dramática historia de alguien que hizo del avivamiento personal una realidad. Su nombre es Carole Inman; ella es una persona real y estoy agradecida de que esté dispuesta a dejar que se utilice su historia para ayudar a otros. Carole comienza admitiendo: «Honestamente, ni siquiera sabía el significado de la palabra (avivamiento) en realidad».

Sin embargo, en una noche oscura y nevada en Fargo, Dakota del Norte, Carole experimentó lo experimentó por sí misma cuando recibió una señal de alerta y un fresco encuentro con Jesús que encendió su corazón por él. Como resultado de ello, se arrepintió de su pecado, regresó a la Cruz, y volvió a dedicar su vida para servir a Jesús.

Lo que Carole escuchó esa noche en una sesión inicial de avivamiento *Just Give Me Jesús* [Solo denme a Jesus] fue un mensaje basado en el testimonio de Isaías registrado en los primeros seis capítulos del libro que lleva su nombre. Fue el mensaje que Dios me dio ya entrada la noche antes de dirigirme a la reunión del desayuno con miembros del Parlamento la mañana siguiente. Ese mensaje, que ayudó a encender un fuego de avivamiento en el corazón de Carole —y que espero que encienda el mismo fuego en tu corazón— está contenido en el libro que ahora tienes en tus manos.

En estas páginas, más que definir la palabra *avivamiento*, quiero mostrarte a través del testimonio de Isaías, y el de Carole, lo real y personal que es. Igual que el viejo granjero le mostró a su nuevo ayudante el granero...

El granjero señaló los establos, el cuarto de los clavos, los cubos para alimentar animales y el ático de la paja. Luego llevó al joven al lugar en donde tenían a la mula. Al guiar al joven por el corral, la mula pateó al ayudante y lo lanzó tres metros por el aire. Mientras el ayudante se levantaba del suelo, le gritó al viejo: «¿Por qué no me dijo que la mula pateaba así?».

El viejo granjero se recargó, lanzó un largo escupitajo de tabaco por sobre la cerca, cambió el tabaco dentro de su boca de una mejilla a otra y luego, arrastrando las palabras, dijo: «Mostrar las cosas es mejor que contarlas».

Mi oración es que mientras leas este libro los ojos de tu corazón se abran y veas no solamente lo genuino que es el avivamiento, sino que *veas al Señor*.

Porque el avivamiento personal es...

Jesús en ti

y Jesús a tu alrededor

y Jesús a través de ti

y Jesús debajo de ti

y Jesús sobre ti

y Jesús delante de ti

y Jesús detrás de ti.

El avivamiento personal es solo Jesús ...

Jesús en tu mente,

Jesús llenando tu corazón,

Jesús brotando de tus labios.

Así que concéntrate. Quedate tranquilo. Escucha con los oídos de tu corazón. ¿Puedes escuchar a Dios? Esa débil y casi inaudible vocecita de Dios te llama a ver a Jesús... *otra vez*. Te está llamando a una experiencia de avivamiento personal. En este lugar. En este momento.

UNO

¡Estás durmiendo!

ISAÍAS 1 – 5

*Puedes saber las cosas correctas en tu mente
pero aun así te puede faltar algo.*

La historia de Carole

En el momento en el que el Señor cambió de manera dramática el curso de mi vida cristiana, no hubiera dicho que yo me caracterizaba por ser alguien en necesidad de «avivamiento». Honestamente, realmente ni siquiera sabía el significado de la palabra. Hasta mis «amigos de la iglesia» probablemente no me hubieran etiquetado como alguien con necesidad de avivamiento. Esto es debido a que, por fuera, mi andar cristiano se veía tal y como a menudo nos dicen que debía verse. Había sido cristiana por más de quince años. Sin embargo, habiendo aceptado a Cristo en mi edad adulta, todavía podía recordar claramente el tiempo en el que no estaba segura de que al morir iría al cielo. Y ciertamente no estaba cansada de dar gracias a Dios por el momento en el que me dio seguridad de mi salvación.

Amaba al Señor, y yo hacía todo lo que sabía que debía hacer de mi vida en Cristo.

Yo...

...dedicaba un tiempo devocional personal al Señor cada mañana,

...asistí a un iglesia que enseñaba fielmente la Palabra de Dios,

...serví en mi iglesia como diaconisa, como maestra de Escuela Dominical, dirigiendo nuestro comité de búsqueda pastoral y sirviendo en cualquier otro sitio al que me convocaban,

...fui parte de un grupo celular que se reunía semanalmente en mi iglesia, creciendo en la Palabra de Dios,

...participé en un estudio bíblico semanal con otras mujeres,

...me rodeé de amigos maravillosos y piadosos que me dieron ejemplo de Cristo y me desafiaron, e...

...hice lo mejor para vivir mi fe en el mundo en el que había sido una ejecutiva durante veinte años.

Ese noviembre, no solo me sentía bendecida en mi andar cristiano, sino en mi vida en general. Me sentía genuinamente contenta con mi soltería, tenía una familia grande y maravillosa que me amaba, y que se completaba con sobrinas y sobrinos quienes eran un gozo en mi vida. Tenía un trabajo emocionante en el campo de la tecnología que me desafiaba y energizaba. Tenía ingresos de seis cifras que llegaron a mi éxito en los negocios, y tenía la posibilidad de viajar, vivir en un cómodo hogar, y comprar cualquier cosa que deseara. Tenía buena salud y estaba en forma, lo que me permitía correr maratones, competir en triatlones, montar en bicicleta, esquiar, y disfrutar casi cualquier emoción que alguien pusiera frente a mí.

Amaba al Señor. Y amaba mi vida.

Si me hubieran preguntado, yo hubiera dicho que estaba viviendo a plenitud...

¡Oye! Algo te hace falta

Rodeada por líneas de pasajeros a punto de perder la paciencia, equipaje agrupado a mis pies como centinelas pasados de peso que señalaban un viaje internacional, mis ojos se fijaron intencionalmente en el agente detrás del mostrador. Mientras urgía en silencio al pasajero frente a mí que se apresurara, sentí un golpecito amigable y gentil en mi hombro. Cuando me volví, vi un rostro adornado de sonrisas y que le pertenecía a un buen amigo. Luego de darle un abrazo, le pregunté qué estaba haciendo en esa línea. Describió la aventura internacional que le esperaba y tuve poca dificultad en mantener un rostro interesado y erguido porque estaba intensamente consciente de que su cinturón estaba desabrochado y que ¡su cremallera estaba abierta! Obviamente, él había pasado por alto algo muy importante, y ¡sin saberlo! Siento decirles que yo no fui una buena amiga, pues mi desconcierto evitó que se lo dijera. Me pregunto que tan lejos llegó en su viaje antes de que alguien le dijera: «¡Oye! ¡Despierta! ¡Algo te hace falta!».También me pregunto a cuánto cristianos, como a mi amigo, les falta algo muy importante y tampoco lo saben. Algo puede ser la causa un día no de desconcierto, sino de vergüenza. Aunque a mi amigo le estaba haciendo falta algo muy elemental y obvio —cerrar su cremallera y su cinturón—, ¿será posible que a ti como cristiano te esté haciendo falta algo tan elemental y obvio? Y me pregunto qué tanto recorrerás tu jornada de fe antes de que te des cuenta de que *algo está haciendo falta*. ¿Me permitirías tener el privilegio de ser tu amiga y decirte de qué se trata? Lo que te está haciendo falta es conocer a Dios... *¡con tu corazón!*

Durante años, Tom Landry fue un icono norteamericano. Con el ala de su sombrero apuntando hacia abajo sobre un rostro estoico, recorrió de un lado a otro las líneas laterales de los campos de fútbol americano en donde presidió como entrenador principal de uno de los equipos más grandes de todos los tiempos, los Vaqueros de Dallas. Enfrentó la presión con elegancia, la crítica con gracia, la rudeza con cortesía, la humillación con dignidad, la victoria con humildad, y la crisis con fe. Se convirtió en una leyenda de su época.

En más de una ocasión, escuché al entrenador Landry afirmar que durante su carrera se topó con muchos buenos atletas, pero muy pocos de ellos eran grandes. Decía que la diferencia entre un buen atleta y un gran atleta es de cuarenta y seis centímetros: la distancia entre la cabeza y el corazón. A partir de su observación, basada en toda una vida de participación en los deportes, explicaba que los buenos atletas tiene una habilidad excepcional y una profunda comprensión del juego, pero los grandes atletas tienen corazón, una pasión para jugar que los lleva al sacrificio desinteresado, a largas y brutales horas de entrenamiento, a una concentración sin distracciones y, a final de cuentas, a llevar a cabo logros extraordinarios.

En casi treinta años de ministerio, he observado a muchos buenos cristianos, como los atletas del entrenador Landry, pero muy pocos son grandes. Y la diferencia son los mismos cuarenta y seis centímetros, la distancia de la cabeza al corazón. Aunque hay muchos buenos cristianos que tienen un conocimiento intelectual de la Escritura, asisten con regularidad a la iglesia, están familiarizados con las tradiciones y rituales de la iglesia, y están cómodos con la oración, el grupo de estudio bíblico y los ministerios de alcance, hay muy pocos que son grandes.

Existen relativamente pocos cristianos enamorados de Jesús, y que lo ponen en el primer lugar de sus vidas cuando hacerlo demanda que sacrifiquen su tiempo, dinero y deseos. Hay muy pocos cristianos que quieran lo que él quiere más que lo que quieren ellos, y que están dispuestos a dejar todo en la brecha buscándolo.

Hay muy pocos cristianos que están dispuestos a arriesgar su trabajo, reputación, estatus, amistades, seguridad financiera y hasta su vida por causa de comunicar el evangelio y agradar a Dios. Sencillamente parece que nos falta un conocimiento claro de Dios y un corazón apasionado para Dios que, combinados, sean el punto central de todo en nuestra vida.

No solamente a algunos de los que nos denominamos cristianos nos hace falta un conocimiento de Dios en nuestro corazón, sino que parece que tampoco tenemos mucho conocimiento en nuestra cabeza. Conocemos el nombre de Dios y la descripción de sus funciones (Él es el que vive en el cielo y envía a las personas al infierno, ¿no?). Sabemos que Jesús murió en la Cruz para salvarnos, pero no estamos realmente seguros de qué; aunque hemos orado y le hemos pedido que entre en nuestro corazón. Y sabemos que reunirnos en la iglesia es lo correcto y nos hace sentir bien.

Además, podemos hacer buenos amigos y desarrollar contactos estratégicos de negocios allí. ¿Y los dones espirituales?

¿No es lo que intercambiamos en Navidad?

Si hemos de ser honestos, a pesar de que somos cristianos auténticos, diríamos que aunque no sabemos mucho, lo poco que sabemos es más *acerca de Dios* que lo que realmente *conocemos a Dios* mismo.

Otros tenemos dones excepcionales que ejercitamos en una variedad infinita de actividades en la iglesia. Parece que tenemos un conocimiento funcional de Dios en nuestras cabezas:

podemos citar la Escritura...

podemos orar en voz alta...

podemos cantar muchos himnos de memoria...

podemos hacer una lista de algunos de los nombres de
Dios y su significado

podemos ofrecer un relato vago de la creación...

podemos definir nombres como Abraham, Moisés,
David y Elías...

podemos dramatizar el nacimiento, muerte y
resurrección de Jesús...

podemos trazar los tres viajes de Pablo (con la ayuda
de los mapas)...

evitamos al Espíritu Santo y el libro de Apocalipsis...

¡y parece que estamos satisfechos con que eso es todo!

¿Por qué razón a nosotros, y a muchos otros que se relacionan a sí mismos con el nombre de Dios, parece que nos falta un corazón dispuesto...

para su Palabra?

para la oración?

para el evangelio de Jesucristo?

para un mundo perdido y agonizante?

el uno para el otro?

para él?

Nuestras actitudes y ambiciones egoístas demandan conocer lo que nos espera...

antes de que sacrifiquemos cualquier cosa,

antes de que demos tiempo (si es algo conveniente),

antes de que demos dinero (si es que nos queda algo para dar),

antes de que rompamos nuestra concentración arrolladora en nosotros mismos,

nuestras familias y amigos,

nuestros intereses y carreras,

nuestras luchas yestatus,

nuestros placeres y posesiones,

nuestras cuentas bancarias y portafolios de inversiones,

nuestro ejercicio y entretenimiento,

nuestras deudas y dietas,

y de sencillamente todo lo demás que no sea el reino de Dios.

¿Por qué es que podemos ser apasionados con nuestro equipo deportivo favorito, o por un ascenso en el trabajo, o por un lugar en el que soñamos vacacionar, o por nuestra alma mater, o por un programa semanal sobre la vida real, o hasta por el programa más reciente para perder peso, *pero no tenemos esa misma pasión acerca de las cosas de Dios?*

Creo que la respuesta es que hay más en conocer a Dios que el solo conocimiento intelectual.

Creo que el reino de Dios refleja la desesperación por iglesias que estén llenas, no de buenos cristianos, sino de grandes cristianos; cristianos cuyo conocimiento de Dios haya recorrido la caída de cuarenta y seis centímetros desde sus cabezas hasta sus corazones.

Hasta que ocurra esa caída dentro de nosotros, nos falta un corazón dispuesto porque nos falta visión.

Creo que estamos viviendo en una generación que *necesita*

desesperadamente de una visión fresca de Dios. Vivimos en una precaria situación mundial en donde el terrorismo y la guerra toman el escenario central y en donde Dios está siendo empujado al perímetro de nuestra vida cultural y personal, justo en el momento en el que más lo necesitamos. Como para subrayar esto, menos de tres semanas después de que el huracán Katrina destruyera muchas vidas, un juez de distrito en California decidió que la Promesa de Lealtad era inconstitucional porque incluye la frase «bajo Dios».[1] La historia nos muestra lo que puede ocurrir cuando una civilización le da la espalda a Dios, y también nos muestra los cambios extraordinarios que ocurren cuando se busca un conocimiento fresco de Dios y se reincorpora a las prioridades de una cultura. Este contraste se ilustra dramáticamente en la vida de Isaías durante los días del Antiguo Testamento...

Isaías fue un profeta en Judá[2] durante el período que siguió a aproximadamente cincuenta y dos años de paz y prosperidad. Aunque las naciones vecinas hervían en confusión, Judá estaba mayormente libre de inquietudes. Sin embargo, en vez de usar esos años de paz y prosperidad para fortalecerse, el pueblo de Judá se había alejado tanto de Dios que se tambaleaba en el borde de la bancarrota moral y espiritual. La desobediencia del pueblo a la palabra de Dios... su falta de respeto a sus preceptos... su desafío a su ley... estaban provocando el juicio de Dios.

En este momento crítico de la historia de Judá, en el año 741 a. C., cuando Judá como nación se deslizaba hacia el juicio, Dios levantó a un hombre que se convirtió en el profeta más sobresaliente del Antiguo Testamento.

Lo que...

Shakespeare es a la literatura inglesa,
Beethoven es a la música,
y Miguel Ángel al arte,
Isaías lo es a la profecía.

Él es, sencillamente, el más grande. Pero no se convirtió en grande hasta el año en que murió el Rey Uzías. Ese fue el momento en el que el conocimiento de Dios en la cabeza de Isaías cayó hasta su corazón. Fue el año central y de transformación de vida en el que Isaías experimentó una señal de alerta que abrió sus ojos a una visión fresca de Dios. Fue el momento inolvidable en el que exclamó: «¡He visto a DIOS!».

Los que vivimos en el Hemisferio Occidental también hemos experimentado aproximadamente medio siglo de relativa paz y prosperidad, mientras que muchos de los países del mundo han sufrido agitación. Como Judá, creemos que las bendiciones pasadas de Dios son una indicación de que él nos mantendrá seguros.

No hemos utilizado este periodo para fortalecernos moral y espiritualmente. En vez de ello, nos hemos vuelto arrogantes en nuestra indiferencia hacia Dios, confiando en sus bendiciones en vez de confiar en él y, por tanto, estamos tan debilitados en nuestra relación con Dios que también es posible que provoquemos su juicio.

Que Dios nos ayude, así como ayudó a Judá, al levantar hombres y mujeres que hablen su Palabra con el poder para transformar vidas; un poder que tiene su raíz en su propia *visión* personal del Señor. Mi oración es que este libro pueda ser una señal de alerta para *ti*, quien, al seguir el ejemplo de Isaías y ser encendido por el Espíritu de Dios, tengas tus propios ojos abiertos a una visión fresca del Señor. Y oro que al ser impactada tu vida, ésta a su vez se convierta en una vida habilitada para transformar las vidas de otros. Pero primero...

Piensas que estás bien

Si crees que no necesitas de un avivamiento personal, que tu vida está bien así como está... O si piensas que no estás calificado, no eres suficientemente devoto o sabio o aún suficientemente valiente para experimentar este tipo de avivamiento poderoso, personal y transformador, entonces tienes muchísima compañía. Yo me he sentido igual.

Y sospecho que Isaías también, justo hasta el momento en el que experimentó su propia señal de alerta y su conocimiento de Dios cayó de su cabeza a su corazón. No existe noción en la Escritura respecto a que Isaías sintiera necesidad de un avivamento personal. No hay pizca de evidencia bíblica que indique que tenía cualquier consciencia de necesidad en su vida. Pensó que estaba bien. Sin embargo, cuando escuchó la señal de alerta y experimentó el avivamiento, su vida jamás fue la misma, y se convirtió en alguien que Dios usó para impactar poderosamente a su generación. Por su propio ejemplo, nos enseñó que los profetas también necesitan avivamiento, se hayan dado cuenta de ello o no .

Acompáñame a examinar la vida del profeta más grande de Israel al compartir su testimonio en Isaías 1 al 6. Al iniciar nuestra jornada en el camino que siguió Isaías, en esta sección observaremos la vida de Isaías *antes* de recibir su señal de alerta espiritual. Te sorprenderás de hallar algunas características de tu propio corazón adormilado en las descripciones de Isaías.

Nunca has tenido una visión
(y no estás seguro de que quieras una)

La palabra *visión* me hace pensar en Ebenezer Scrooge y los fantasmas de las Navidad pasada, presente y futura. Me hace pensar en un médium encorvado frente a una bola de cristal, en estado de trance, o en apariciones fantasmales, o en cosas que algunos televangelistas utilizan para demandar que se les envíe dinero. Una visión puede parecer tan, bueno, mística ... escalofriante ... rara ... irreal ... y sí, hasta manipuladora. ¡No estoy segura de querer una!

Dudo que Isaías mismo hubiera querido una visión, especialmente del tipo que acabo de describir. La Biblia no indica que Isaías sintió necesidad de avivamiento personal o que estaba consciente de algún tipo de deficiencias espirituales. Sin embargo, cuando llegó la señal de alerta, la visión que tuvo no era nada como lo citado antes. En vez de ello, la visión catapultó su espíritu al centro del universo, al mismísimo salón del trono del cielo.

> Le proveyó de un vistazo profundo del corazón
> de Dios.
> Remachó su enfoque en el Hijo de Dios.
> Lo inundó con esperanza fresca para él mismo y para
> su amado pueblo.
> Develó la apasionante y asombrosa gloria de Jesucristo.
> Fue una experiencia enérgica que impulsó a Isaías al
> avivamiento personal que perduró toda una vida.

Y una vez que tuvo esa visión, debió haberse preguntado cómo es que pudo haber vivido sin ella. Sin embargo, *antes* de la visión, parecía estar cómodo con su propia vida.

Hoy día, al igual que en el año 741 a. C., Dios anhela que todos aquellos que piensan que están bien, quienes se sienten seguros en su fundamento moral y religioso, despierten.[3] ¡Despierta a él!

Estás seguro en tu fundamento moral y religioso

Mi padre siempre ha estado profundamente interesado en los asuntos globales. Incluso hoy día, diariamente se le entregan a mi padre los periódicos internacionales, nacionales y locales. Se suscribe a todas las revistas de noticias más importantes y las lee en su totalidad. Por la noche, invariablemente, en el tiempo en el que la cena está a punto de colocarse en la mesa, mi padre detiene toda actividad y mira la red de noticias nocturnas por la televisión. Aunque puede conversar con gran interés acerca del clima o de la compra más reciente de mi madre o acerca de una familia vecina, su conversación, e inclusive sus oraciones, están sazonadas con su consciencia de lo que está ocurriendo en el mundo que le rodea. Tiene una apasionada concepción del mundo que le ha mantenido en la vanguardia de la dedicación en su servicio a Dios.

Debido al ejemplo de mi padre en casa, fui criada con una consciencia de que el mundo es más grande que mi círculo inmediato de amigos, familia, iglesia, escuela, comunidad y profesión. Casi es instintivo para mí el sentir algún tipo de responsabilidad personal por hacer algo acerca de los problemas que veo.

Parece que Isaías también fue criado en un buen hogar. Vivió en Judá y sirvió a Dios «durante los reinados de Uzías, Jotán, Acaz y Ezequías» (Isaías 1:1), al igual que durante el reinado del malvado Manasés, cuando la cultura tal como la conocía Isaías se desintegró totalmente a su alrededor.[4] sin embargo, en medio de una cultura que se colapsaba, el fundamento personal de los valores morales de Isaías y su fe en Dios parecen haberse establecido previamente, en su hogar.

Poco se sabe del trasfondo de Isaías excepto que fue el «hijo de Amoz» (1:1). Me pregunto si Amoz fue un hombre que interesado profundamente en quienes le rodeaban, enseñándole a su joven hijo por medio de su propio ejemplo a interesarse...

en los acontecimientos mundiales,
en las tendencias nacionales
en los problemas locales,
en el cambio político,
en el deterioro moral,
y en la necesidad del prójimo.

Me pregunto si Amoz era alguien parecido a mi padre.

¿En qué tipo de hogar creciste? ¿Fue un hogar como el de

Isaías? ¿O fue un hogar en el que no había fe en Dios, sin valores morales que impartir? ¿Fue un hogar muy centrado en sí mismo? Si fue así, entonces puede que ya hayas visto de cerca la necesidad genuina que existe de personas que se despierten en su relación con Dios, para que sus corazones se agranden con mayor amor por él y para amar a otros como se aman a sí mismos. Pero puede que hayas trabajado tan atentamente para ayudarles con su necesidades (y carencias) que has soslayado las tuyas propias.

Estás concentrado en «los demás»

Estar consciente de las necesidades de otros, ya sean a nivel global o dentro de nuestros propios hogares, es una perspectiva realmente cristiana. Sin embargo, en ocasiones podemos llegar a tener una fijación tal en los problemas de nuestro mundo y en las vidas de quienes nos rodean que quedamos ciegos a las cosas que están mal en nuestras propias vidas. Nos podemos concentrar de tal manera en otros que no nos vemos a nosotros mismos. Si no tenemos cuidado, si no tenemos una visión clara de Dios, podemos deslizarnos a la suposición de que nuestra condición es mejor que la de otros, a la crítica, al orgullo espiritual y a la condena.

Antes de esta señal de alerta, Isaías estaba consumido por lo que estaba mal con «todos los demás». ya sea que esto fue algo causado por el ejemplo que Amoz dio en su casa o no, Isaías fue alguien que tuvo un sentido de responsabilidad moral y espiritual para involucrarse en su mundo. Estaba profundamente consciente de los problemas que enfrentó su pueblo:

pobreza,[5]

opresión de los pobres,[6]

indiferencia hacia los débiles,[7]

corrupción del gobierno,[8]

hipocresía religiosa.[9]

Su problema primordial

Al igual que Isaías, hasta un observador superficial de nuestro mundo hoy día puede hacer una lista de muchos problemas:

arreglos tras puertas cerradas,
susurros a las espaldas,
agendas ocultas en las posturas políticas,
abuso de poder disfrazado de inteligencia política,
mentirosos que informan mal al público,
destrucción del medio ambiente,
preocupación por las perversiones,
explotación del cuerpo humano,
abuso de niños inocentes,
bienes descompuestos que se venden como frescos,
compuestos químicos peligrosos etiquetados como seguros,
pactos quebrantados por capricho,
verdad sustituida por mentira,
gloria ofrecida a lo repugnante,
honor dado a lo blasfemo,
aceptación legalizada de lo abominable.

Aunque cada uno de estos problemas es un enorme desafío por sí mismo, tú y yo necesitamos reconocer lo que reconoció Isaías: hay un común denominador. El problema primordial que enfrentó Judá en los días de Isaías es exactamente el mismo problema primordial que enfrentamos hoy día.

El problema...
primordial,
fundamental,
básico,
de fondo...
...*¡es el pecado!*

¡El pecado es lo que malo de nuestro mundo el día de hoy! Y era lo que estaba mal en los días de Isaías también. Isaías, quien se preocupó profundamente por los problemas del mundo en el que estaba inmerso, señaló su causa fundamental al lamentarse así: «¡Ay, nación pecadora, pueblo cargado de culpa, generación de malhechores, hijos corruptos! ¡Han abandonado al Señor! ¡Han despreciado al Santo de Israel! ¡Se han vuelto atrás!» (1:4).

Judá se fundó sobre la base de la fe en Dios, pero cuando Isaías comenzó su ministerio observó que el pueblo estaba abandonando a Dios. Cuando el pueblo despreció al Santo de Israel y se volvió atrás, ¿encubrieron su pecado poniéndole la etiqueta de «separación de la iglesia y el estado»? ¿O la de «tolerancia a otras religiones»?

Las palabras de Isaías eran fuertes, sin adornos, cortantes y totalmente intolerantes de tal pecado nacional. Sin rodeos le llamó al pecado de la forma en la que lo vio. Y lo más importante, debido a que fue un profeta de Dios, podemos asumir que le llamó al pecado de la forma en la que *Dios* lo vio.

Me pregunto qué palabras usaría él hoy día para describir a nuestra nación, que también fue fundada sobre la base de la fe en Dios y que, sin embargo, hoy día parece estar reescribiendo la historia para rechazar cualquier relación con él...

Como una flecha dirigida al centro del blanco, las palabras de Isaías tienen todavía un significado más solemne y que nos golpea mucho más de cerca cuando nos damos cuenta de que se estaba refiriendo a Judá, *el pueblo de Dios*, el cual estaba identificado con el nombre de Dios.

Hoy día, el pueblo de Dios, que lleva su nombre, son los cristianos profesos. Tú y yo. Las personas dentro de las iglesias. Hoy día, ¿una paráfrasis legítima de la condenación profética de Isaías podría sonar así?:

Oh, iglesia pecadora, un pueblo cargado de culpa porque al mismo tiempo que tienes apariencia de piedad niegas que solo el poder de la Cruz puede limpiar y transformar radicalmente las vidas. [10] *Eres una nidada de malhechores que le llaman Señor a Jesús, pronuncian su Palabra, y hacen muchas buenas obras, aunque jamás han establecido una relación personal con Dios a través de la fe en Jesucristo.* [11] *Son hijos entregados a la corrupción porque se han conformado al patrón del mundo que les rodea en vez de separarse de él.* [12] *Ustedes –la iglesia– han abandonado al Señor. Ustedes –la Esposa– han despreciado al Santísimo –su Novio– y le han dado la espalda.*

Palabras fuertes. ¡¿Pero son lo suficientemente fuertes el día de hoy para la iglesia organizada cuyo liderazgo hace víctimas a niños inocentes, abusando sexualmente de ellos, y luego encubre el pecado y permite que los perpetradores continúen en el ministerio?! ¡¿Son lo suficientemente fuertes para la iglesia que cierra sus puertas a personas de distinta raza o trasfondo socioeconómico?! ¡¿Son los suficientemente fuertes para la iglesia que oficialmente autoriza lo abominable al ordenar a homosexuales activos en el ministerio, o los desposa?! ¡¿Son lo suficientemente fuertes para la iglesia que apoya misiones en África pero que pisa a los que no tienen techo y que están en su puerta del frente?! *¿Qué palabras utilizaría Isaías para referirse a la iglesia organizada de hoy día?*

No mucho antes de escribir esto, ofrecí una conferencia en una reunión metropolitana que fue organizada por uno de nuestros equipos en preparación a *Just Give Me Jesus* [Solo denme a Jesús], un avivamiento para mujeres copatrocinado por un grupo de líderes locales y por mi organización ministerial, Ministerios AnGeL.

La audiencia estaba conformada por líderes cristianos de toda el área circundante que asistieron para recibir información e inspiración. Docenas de iglesias enviaron a sus representantes.

El local histórico del centro de la ciudad en donde se llevó a cabo la reunión resonaba con la emoción de cientos de personas que oraban y cantaban juntas, escuchando con atención mientras les comunicaba la visión que Dios me había dado para el avivamiento en los corazones de su pueblo en esa área.

Justo atrás de mí, mientras pronunciaba mi mensaje, se encontraba el coro de una iglesia de la ciudad que nos había dirigido en la adoración poco antes. Luego de unos diez minutos de iniciar mi mensaje, escuché un estrépito detrás de mí y luego los fuertes pisotones de alguien en el escenario. Conservé mi concentración en lo que estaba diciendo y continúe con el mensaje. Luego de unos segundos, escuché el sonido apagado de un movimiento que se originó en la misma área. Sin permitir que se perdiera excesivamente la atención al mensaje o a la reunión, continué sin interrupción. Supuse que el coro detrás de mí había decidido moverse porque querían una vista más frontal o porque los miembros no podían escuchar bien, lo que le ocurre con frecuencia a quienes se sientan en el escenario si los monitores de audio no están acomodados apropiadamente.

Cuando terminé el mensaje y regresé a mi asiento de primera fila, para mi total asombro, observé que el coro que estaba parado para entonar la canción final contaba con solo la mitad de sus veinticuatro miembros. Luego me enteré de que el coro ¡se retiró en protesta a una breve referencia que hice sobre un pecado específico! Unos días después, manifestaron su protesta en las primeras planas del periódico, ¡*acusándome* de predicar el odio racial y la intolerancia!

Cuando me preguntaron mi opinión sobre el incidente, respondí que el hecho subrayaba la necesidad del ministerio de avivamiento al cual Dios me llamó y la necesidad de arrepentirse de su pecado, ¡dentro de la iglesia!

Su solución primordial

Isaías entendió con claridad que el problema primordial en Judá era el pecado, al igual que el pecado es el problema primordial en nuestro mundo hoy. Si el pecado es el problema primordial, entonces la solución primordial no es médica, no está relacionada con el medio ambiente, no es educacional, no es económica, ni social, racial o política. Si el problema primordial en nuestro mundo y en el de Isaías es (y fue) el pecado, entonces la solución primordial es un Salvador que elimine el pecado y que ponga a las personas a cuentas con Dios.

Isaías suplicó al pueblo de Dios que se arrepintiera, citando a Dios mismo: «Vengan, pongamos las cosas en claro —dice el Señor—. ¿Son sus pecados como escarlata? ¡Quedarán blancos como la nieve! ¿Son rojos como la púrpura? ¡Quedarán como la lana!» (1:18). La invitación que hizo Isaías fue el equivalente de una presentación del evangelio en el Antiguo Testamento, invitando al pueblo a la Cruz. Él sabía que el pueblo necesitaba ser limpiado de su pecado de forma profunda, completa y total.

La súplica de Isaías puede escucharse en la promesa de Dios dada antes al Rey Salomón y citada frecuentemente hoy día en los púlpitos de las iglesias, en los salones de clase de la escuela dominical, en las salas de conferencias de los seminarios, en conversaciones privadas y en las cocinas de los hogares: «Cuando yo cierre los cielos para que no llueva, o le ordene a la langosta que devore la tierra, o envíe pestes sobre mi pueblo, si mi pueblo, que lleva mi nombre, se humilla y ora, y me busca y abandona su mala conducta, yo lo escucharé desde el cielo, perdonaré su pecado y restauraré su tierra».[13]

Al considerar con profundidad la promesa de Dios al Rey Salomón, la aplicación a nuestro mundo, frase por frase, es extremadamente relevante:

«Cuando yo cierre los cielos para que no llueva,...»

Cuando se observan fenómenos naturales de los que no existen precedentes tales como

tormentas de nieve,

inundaciones,

incendios forestales,

sequías,

huracanes,

tornados,

tsunamis...

«...o le ordene a la langosta que devore la tierra,...»

un accidente que libera abejas asesinas,

una invasión de hormigas rojas,

otro brote de fiebre aftosa,

o la enfermedad de las vacas locas...

«o envíe pestes sobre mi pueblo,...»

SIDA [síndrome de inmunodeficiencia adquirida],

SARS [síndrome respiratorio agudo severo],

enfermedades de transmisión sexual,

virus del Nilo,

gripe aviar...

«si mi pueblo, que lleva mi nombre, se humilla y ora, y me busca y abandona su mala conducta, yo lo escucharé desde el cielo, perdonaré su pecado y restauraré su tierra».[14]

Aun cuando los norteamericanos decimos, oramos y cantamos «Dios bendiga a los Estados Unidos» tal parece que su bendición en una nación está directamente relacionada a la iglesia (el pueblo de Dios, que lleva su nombre) que se despierta y se pone a cuentas con Dios.

Luego de la horrible devastación del 9/11, muchos líderes de las iglesias señalaban con sus índices hacia los pecados nacionales o sociales como la razón de lo que entendieron como un juicio de Dios sobre nuestra nación. El aborto y la

amplia aceptación del homosexualismo fueron los graves pecados que normalmente señaló la mayoría. Pero no pude dejar
de preguntarme si el Hijo de Dios estaba concentrando su
mirada en su propio pueblo, la iglesia, con ojos «que resplan-
decen como llamas de fuego».[15] Aunque sé que el ataque a los
Estados Unidos fue un complot engendrado en el infierno y
llevado a cabo por adláteres malvados del diablo, estoy igualmente convencida de que Dios lo permitió como una señal de
alerta para su pueblo.

Para mí. *Para ti.*[16]

Quizá la iglesia estaba escuchando...

Porque luego del paso del huracán Katrina, hubo muchos
señalamientos en virtualmente todos los niveles de nuestra
sociedad; tanto por oficiales del gobierno como por ciudada-
nos ordinarios. La frustración alcanzó el punto de ebullición
cuando las brigadas de rescate y auxilio tardaron *taaaaanto* en
llegar. Pero una y otra vez, se escucharon historias inspiradoras
de iglesias que abrieron sus puertas, corazones y hogares,
poniendo a disposición los recursos de Dios para quienes estaban en tan desesperada necesidad. En todo el país se levanta-
ron cristianos y respondieron recibiendo a las víctimas en una
hermosa demostración del amor de Dios.

Sin embargo, el mensaje subyacente de juicio inminente, y
la necesidad de prepararse hoy para lo que pueda ocurrir en el
futuro, parecía haber llegado a oídos sordos. El mensaje que
parecía estar escrito en las sucias e inundadas calles de una
importante ciudad norteamericana que se había convertido en
un pueblo fantasma casi de la noche a la mañana era:
«Arrepiéntanse de su pecado. Se aproxima el juicio. Pónganse
a cuentas con Dios».

Pero el mensaje parecía amortiguarse por las voces enoja-
das que culpaban a todos y a todo por la devastación. Las voces
que politizaron algo que era un problema de dimensiones divi-
nas y necesitaba una solución proporcionada por Dios. Voces

que parecían dominar y ahogar a aquellas escasas almas valerosas que con denuedo dieron testimonio de la presencia y protección de Dios en el desastre y que urgían a quienes sufrían a su lado a clamar a él por ayuda y esperanza.

Sin apartarme de las transmisiones por televisión que siguieron al huracán, observé cómo entrevistaban a una pobre mujer afro americana. Trataba de llegar al Superdome, esperando encontrar refugio, comida y agua. Cuando el reportero le preguntó qué pensaba de todo lo que le había ocurrido, ella contestó con claridad y firmeza lo siguiente: «Dios nos está diciendo que necesitamos arrepentirnos de nuestro pecado».

Me pregunto... ¿cuántas personas que oyeron lo que ella dijo en las noticias nocturnas realmente «escucharon» su mensaje? Creo que sería algo correcto asumir que la mayoría de los televidentes de esa noche simplemente no lo entendieron.

Al igual que tú y yo, Isaías vivió en un mundo que no escuchó y por lo tanto simplemente no entendió el mensaje de Dios. Una y otra vez, Dios advirtió a su pueblo respecto al juicio inminente si se rehusaba a arrepentirse de su pecado y ponerse a cuentas con él. Isaías se dedicó a predicar la Palabra de Dios en un esfuerzo por convencer al pueblo de Dios de su pecado: la convicción que les dirigiría al arrepentimiento, la restauración y a evitar el juicio.

Al vivir en un mundo que es similar al de Isaías en muchos aspectos y que está cambiando rápidamente en casi todas sus áreas, estoy dedicada a la inmutable Palabra de Dios por la misma razón por la que Isaías estaba dedicado a ella.

Estás dedicado a la Palabra de Dios

Nuestro mundo está cambiando más rápidamente de lo que la mayoría de nosotros comprende...

descubrimientos científicos,
avances tecnológicos,
importantes avances médicos,
velocidad en las comunicaciones,
fluctuación económica,
desintegración moral,
cambio en las alianzas políticas,
potencias tercermundistas con armas de
primer mundo,
todo lo cual ayuda a crear la impresión de...
un mundo que está regido por el azar,
un mundo que está hecho para los jóvenes y
los que estan llenos de energía,
un mundo que está girando sin control,
un mundo que ya no tiene sentido,
un mundo de oportunidades emocionantes,
un mundo de temibles posibilidades,
un mundo que está en urgente
necesidad de estabilidad.

Para poder tener paz y seguridad duradera, nuestro mundo necesita estar anclado a un fundamento inmutable. El Rey David alabó a Dios, declarando lo siguiente: «Tu palabra, Señor, es eterna, y está firme en los cielos».[17] Jesús mismo subrayó la estabilidad de la inmutable Palabra de Dios al testificar así: «Les aseguro que mientras existan el cielo y la tierra, ni una letra ni una tilde de la ley desaparecerán hasta que todo se haya cumplido».[18]

Un mundo cambiante necesita de la Palabra de Dios para estabilizarlo. Tú y yo, al vivir en un mundo cambiante, ¡necesitamos de la Palabra de Dios para estabilizarnos! Necesitamos la sabiduría, guía, consuelo y esperanza que él nos ofrece a través de su Palabra. Y necesitamos tener una buena relación con él no solo para sobrevivir los rápidos cambios y desafíos sino para aprovechar las oportunidades para hacer que nuestro mundo sea un mejor lugarpara vivir.

Si nuestro mundo *va* a ser un mejor lugar, debemos lidiar con el problema primordial que enfrentamos:

El pecado. En nuestros propias vidas y corazones.

Isaías supo que, para resolver el problema primordial de Judá requería convencer al pueblo de Dios de su pecado para que buscara estar bien con Dios. Estaba dedicado a la Palabra de Dios porque ésta como un profesor: le enseña a las personas que son pecadoras, y les habla del Salvador.[19]

Durante dos años Isaías predicó la Palabra de Dios:

«¡Oigan, cielos! ¡Escucha, tierra! Así dice el Señor».[20]
«¡Oigan la palabra del Señor...!».[21]
«¡Escuchen la enseñanza de nuestro Dios...!».[22]
«"¿De qué me sirven sus muchos sacrificios?", dice el Señor».[23]
«"Vengan, pongamos las cosas en claro", dice el Señor».[24]
«El Señor mismo lo ha dicho».[25]
«Por eso afirma el Señor, el Señor Todopoderoso, el Fuerte de Israel».[26]

Isaías predicó la Palabra de Dios. No sustituyó nada en lo absoluto por la verdad eterna y la revelación divina. No se disculpó por predicar la Palabra de Dios directa, pura y no adulterada. No la menoscabó ni la diluyó para hacerla menos ofensiva. No la disfrazó para hacerla más atractiva.

Hoy día, parece que tenemos varios sustitutos para la predicación de la Biblia directa y llana. Parece que dependemos más en...

el audio o el video,

presentaciones musicales o fórmulas,

cuestiones sociales o agendas políticas,

materiales denominacionales o rituales religiosos,

incluso libros acerca de la Palabra de Dios...

¡Hasta el miembro típico de una iglesia desconoce la Biblia! Pero no hay sustituto para la Palabra de Dios.

Es *la Palabra* la que corta a través de lo políticamente correcto de nuestros días, exaltando a Jesucristo como «el camino, la verdad y la vida».[27]

Es *la Palabra* la que confronta a todos los sistemas religiosos del mundo y afirma abiertamente que «Nadie llega al Padre sino por mí [palabras de Jesús]».[28]

Es *la Palabra* la que reprende al ateísta y al evolucionista al afirmar llanamente que «Dios, en el principio, creó los cielos y la tierra».[29]

Es *la Palabra* la que humilla al filántropo al rechazar cualquier caridad como base para la salvación, porque «Todos somos como gente impura; todos nuestros actos de justicia son como trapos de inmundicia».[30]

Es *la Palabra* la que endereza a los moralistas que se creen justos y que creen que sus buenas obras serán más que sus malas obras y que Dios quedará a deberles un hogar celestial cuando aclara que «no hay un solo justo, ni siquiera uno».[31]

Es *la Palabra* la que nos convence de nuestro pecado,

y es *la Palabra* la que nos dice que necesitamos un Salvador,

y es *la Palabra* la que proclama que

«De hecho, en ningún otro hay salvación, porque no hay bajo el cielo otro nombre dado a los hombres mediante el cual podamos ser salvos».[32]

Es *la Palabra* la que nos da una muestra del mismo corazón que Dios tiene para nuestro mundo cambiante cuando revela que «tanto amó Dios al mundo, que dio a su Hijo unigénito, para que todo el que cree en él no se pierda, sino que tenga vida eterna».[33]

¡*Gloria a Dios por su Palabra*! ¡Gloria a Dios por los profetas como Isaías que la proclamaron fielmente en el pasado! ¡Gloria a Dios por los hombres y las mujeres en los púlpitos de las iglesias hoy día, en las lecciones de Escuela dominical, en las fraternidades de estudios bíblicos y en los salones de clase de los seminarios que viven un mundo cambiante y están totalmente dedicados a proclamar la inmutable Palabra de Dios!

No estás consciente de que todavía te falta algo

Con pasión Isaías procuró que el pueblo de Dios fuera consciente de su llamado; les instó a arrepentirse de su pecado y a ponerse a cuentas con su Creador. Al igual que Carole, Isaías estaba completamente dedicado a su Dios y a servir al pueblo de Dios. Por eso es comprensible que Isaías parecía no estar consciente de que algo espiritual le faltara. No existe en lo absoluto evidencia bíblica que sugiera que él percibió tal necesidad. De hecho, hay mucho que indica lo contrario: que él creyó que su relación con Dios estaba bien, era fuerte y era la base de un poderoso ministerio profético en Judá. Su predicación rebosó de confianza en la persona de Dios, en lo que Dios había dicho y en la necesidad de su pueblo para estar a cuentas con él. No existe indicación de que Isaías estuviera consciente de su propia necesidad de la caída de cuarenta y seis centímetros desde su cabeza hasta su corazón.[34]

Y aun así...

Antes de que Isaías viera al Señor, su comprensión del mundo cambiante y su dedicación a la Palabra de Dios parecía ser en su mayor parte conocimiento intelectual. De esa forma él entendió que la raíz de los problemas del mundo era el pecado, mentalmente creyó que la solución era un Salvador que pudiera quitar el pecado y restaurar a la humanidad en una relación correcta con Dios, y en eso estaba en lo correcto. Sin embargo, mientras se esforzaba ardientemente en nombre de Dios, a Isaías le hacía falta algo. No estaba consciente de que Dios quería que el conocimiento que Isaías tenía de él cayera cuarenta y seis centímetros: desde su cabeza hasta su corazón.

¿Observas ocasionalmente a otros cristianos cuya fe parece tan fuerte y viva y te preguntas qué es lo que ellos poseen y que tú no? ¿De alguna manera estás resentido de la forma en la que hablan de forma tan personal acerca de Dios, como si realmente lo conocieran íntimamente? Muy dentro de ti, ¿añoras algo más en tu relación con él, y sin embargo no sabes cómo obtenerlo o siquiera qué pedir? Conoces a Dios y, sin embargo, *¡sabes que algo te falta!*

Para poder saber qué es lo que hace falta...

Para que se profundice en una experiencia tu deseo
de algo más...
Para que tu conocimiento de Dios descienda cuarenta y seis centímetros desde tu cabeza hasta tu corazón...
Necesitas un avivamiento personal.

Y el avivamiento personal es algo imposible que tú realices por tu propia cuenta porque involucra una revelación de Dios dentro de tu espíritu, callada, milagrosa y amplia. Así que...
Necesitas una visión.

Necesitas ver al Señor. Y ver al Señor requiere de una obra de Dios...
Necesitas su ayuda.

Y su ayuda a menudo pasa desapercibida porque parece que no se relaciona con tu deseo de acercarte a él en una relación íntima. De hecho, puede parecer la antítesis de recibir la plenitud de su bendición. Porque a menudo, al principio no parece una visión. En muchas ocasiones viene disfrazada de problema, presión, tensión, sufrimiento o crisis... porque en primer lugar, Dios tiene que despertar nuestros adormecidos corazones.

Dos

¡Despierta!

Isaías 6:1

Las tormentas pueden ser mensajeros de Dios.

La historia de Carole

En los doce meses previos a mi avivamiento personal, experimenté pruebas significativas que ahora, al ver en retrospectiva, puedo darme cuenta de que fueron para prepararme...

Me descubrieron un tumor que requirió de una histerectomía. En ese entonces todavía estaba en mis treintas, y no solo se trató de un golpe médico, también fue el fin de toda visión que yo pudiera haber tenido para formar una familia propia.

No me había recuperado de esa cirugía cuando, luego de un mes, fui llevada apresuradamente al hospital con un severo caso de pancreatitis, ocasionado por una vesícula biliar enferma. Había pasado de ser la imagen de la salud a tener mi segunda temporada más larga en un hospital en un periodo de apenas dos meses.

Justo cuando las cosas parecían volver a la normalidad, una tormenta anómala en Junio inundó el nivel inferior de mi hogar con agua del drenaje, arruinando cada posesión que tocó e iniciando lo que parecía una interminable serie de reuniones con ajustadores de seguros, contratistas y obreros de la construcción. Todo esto ocurrió en medio de una temporada intensamente ocupada en mi trabajo.

Las calamidades parecían llegar en pares. Unas cuantas semanas después, el Cuatro de Julio trajo otra tormenta anómala, con un fuerte viento que arrancó una de las esquinas del techo de mi casa.

También dentro de ese periodo de un año, mi relación con una de las amistades más importantes de mi vida estaba tan tensa que yo no estaba segura de que sobreviviera. Esa sola situación hubiera hecho que ese año fuera uno de los peores de mi vida.

En menos de doce meses, vi mi salud deteriorada, mis posesiones dañadas, una amistad cercana amenazada, y todo mientras crecía mi carga de trabajo en la oficina.

Su mensaje no está en una botella,
está en la tormenta

La historia de Carole ilustra de manera vívida la forma en la que las experiencias que sacuden nuestra vida nos pueden preparar para un fresco encuentro con Dios.

Hoy, al tiempo que...

los imperios financieros vienen y van,

las naciones caen y se levantan,

se hacen y deshacen tratados,

se acumulan y pierden fortunas,

los patrones climáticos desafían todo

razonamiento y

las guerras y rumores de guerras estallan por

todo el orbe...

podría ser que, desde el punto de vista de Dios, ¿*nada* es más importante que una experiencia de avivamiento personal?

Para muchos de nosotros, nuestra primera conexión con Dios llega cuando, todavía siendo niños, somos guiados a él por nuestros padres. O tal vez ocurre cuando un servicio inspirado nos saca de nuestros asientos y nos envía trastabillando hasta el frente de la iglesia para aceptar públicamente a Jesús como nuestro Señor y Salvador. Pero con el paso del tiempo, nuestra pasión decrece, y nuestra conexión con Dios permanece encerrada en nuestras cabezas sin descender hasta nuestros corazones. Luego algo ocurre: alguna clase de contratiempo, o múltiples contratiempos, como los que soportó Carole. Automáticamente nos sentimos atacados, y no entendemos por qué tuvimos tan «mala suerte». Pero en esos momentos de desesperación, recuerda que Dios ha *permitido* que ocurra la crisis, y tú y yo necesitamos estar alertas a su mensaje dentro de la tormenta de la vida. Bien puede tratarse de nuestra señal de alerta. Bien puede ser que nuestra experiencia de avivamiento personal será desencadenada por una visión del Señor que será conducida no en un momento quieto ni en un ambiente religioso, sino a través de un acontecimiento que sacude nuestra vida.

Siempre que ocurre algo catastrófico a nivel internacional, tal y como ocurrió cuando el mortal *tsunami* golpeó el Sur de Asia, o a nivel nacional, como ocurrió cuando el terrorismo golpeó a los Estados Unidos el 11 de septiembre, o cuando el huracán Katrina rugió en las costas en el año 2005, o cuando las bombas mortales hicieron explosión en Londres, Madrid o Bali, o cuando la catástrofe nos golpea personalmente con el diagnóstico de alguna enfermedad o algún desastre familiar, tú y yo necesitamos desarrollar el hábito de preguntarle a Dios qué mensaje puede estar contenido en todo eso.

Este concepto de una tormenta que contiene un mensaje de parte de Dios se ilustra claramente en la vida de otro profeta del Antiguo Testamento: Ezequiel.

Ezequiel fue llevado cautivo por el Rey Nabucodonosor de Babilonia, y luego desechado para vivir en un campo de refugiados. Mientras se sentaba en un sucio canal de irrigación babilónico, Ezequiel relató que: «De pronto me fijé y vi que del norte venían un viento huracanado y una nube inmensa rodeada de un fuego fulgurante y de un gran resplandor. ... También en medio del fuego vi algo parecido a cuatro seres vivientes».[1] Su testimonio continúa describiendo el singular mensaje de parte de Dios que se le entregó en las alas de esa tormenta.

Sin duda, el ataque a los Estados Unidos el 11 de septiembre de 2001 fue una tormenta que tuvo repercusión internacional, nacional y personal. Creo que en esa tormenta estaban contenidos mensajes de parte de Dios, uno de los cuales fue para la iglesia en los Estados Unidos. El mensaje parecía fuerte y claro: *Es momento de dar seriedad a su relación con Dios, de tomar en serio el hecho que un mundo perdido y agonizante que se encamina al infierno sin tener fe en Cristo, de tomar en serio el evangelio, y de dar seriedad a la esperanza del cielo y de la vida eterna.*

Realmente creo que ese fue el mensaje de Dios en la tormenta. Pero no creo que el pueblo de Dios, en general, lo comprendió. Todavía no, porque nuestros corazones están durmiendo. A veces necesitamos que nos sacudan para despertarnos.

Un despertar por la sacudida de una tormenta mortal

¿Has estado presente alguna vez cuando alguien se adentró en la eternidad? Viene a mi mente una ocasión así. Visité en el hospital a una de mis más queridas amigas, quien estaba en vigilia en el lecho de muerte de su suegro quien tenía noventa y cinco años de edad.

La habitación era pequeña y estéril. La cama de hospital en el centro de la habitación estaba ocupada por un hombre alto y delgado cuyas características más evidentes eran su color grisáceo y su leve dificultad para respirar.

Mi amiga estaba a su lado, en donde había permanecido durante horas, acompañada por su cuñada, la hija del hombre que agonizaba. Cuando entré a la habitación, ambas mujeres se pusieron de pie, me abrazaron y se quedaron de pie durante la breve visita. Estaban de espaldas a la cama mientras estaban frente a mí, de modo que yo las podía ver a ellas y, al mismo tiempo, podía ver al anciano caballero mientras yacía en la cama detrás de ellas.

Mientras hablábamos, me percaté de que el señor comenzó a respirar tranquilamente, luego se estremeció calladamente por un momento antes de quedarse perfectamente quieto. Suavemente, le dije a mi amiga: «Creo que el señor George acaba de entrar al cielo». Y así había ocurrido. Oré mientras mi amiga, su cuñada y yo nos tomamos de las manos, agradeciendo a Dios por la vida de este hombre, por su familia, y ahora por su tranquila salida de esta vida y su entrada a la siguiente.

Cuando dejé el hospital, pensé en la forma tan rapida y sencilla en que puede llegar la muerte. En un momento el señor George estaba vivo, y el siguiente estaba en el cielo. Pensé para mis adentros: *¡La eternidad está a un suspiro de distancia!*

En el año 739 a. C., murió el Rey Uzías. Su muerte es una pequeña nota al pie de página de la historia del mundo y, aun así parece que en ese tiempo fue una experiencia que sacudió la vida de Isaías y que le condujo a su visión del Señor. Fue esta visión de la gloria del Señor lo que desencadenó el avivamiento personal de Isaías.

Es digno de mencionar que el año 739 a. C. También fue el año en que se fundó la ciudad de Roma y, subsecuentemente, surgió el Imperio Romano. Es interesante que; mientras que la Biblia no hace mención de un acontecimiento de tal importancia en el mundo de las naciones, sí dedica un capítulo entero a describir la experiencia del avivamiento personal de un hombre. La conclusión es que una persona que se despierta en su relación con Dios, haciendo la transición de su cabeza a su corazón, es algo de mayor importancia, en la perspectiva de Dios, que la fundación de un imperio entero.

Los escritos de Isaías indican que es posible que haya vivido en el palacio del rey.[2] Me pregunto... ¿cómo le dieron a Isaías la noticia de la muerte del Rey Uzías? ¿Estaba sentado en su lujoso departamento dentro del palacio del rey, trabajando con diligencia en su próximo sermón, con el corazón encendido de pasión por predicarles a «los demás» la verdad de la Palabra de Dios? ¿Estaría agradeciéndole a Dios, mientras estudiaba minuciosamente las Escrituras, el darle una idea tan clara del problema primordial y de la solución primordial para su pueblo? ¿Estaría planeando la estrategia de su próxima oportunidad para predicar de manera que pudiera lograr el máximo impacto? Repentinamente escuchó el ruido de sandalias corriendo sobre la resbaladiza superficie del salón de mármol y, segundos más tarde, quedó sobresaltado por uno de los asistentes del rey, quien se abrió paso a través de la pesada cubierta de entrada a sus aposentos, cayó de rodillas y reportó con ríos de lágrimas rodando por sus mejillas: «¡El rey ha muerto!».

Me pregunto si Isaías habrá saltado espontáneamente de su silla para decir: «¡No! ¡No! ¡No! ¡No puede ser! ¡Apenas acabo de ver al rey la semana pasada! ¡Estaba pensando en visitarlo esta noche! ¿Cómo puede estar muerto?».

Lo repentino de la tragedia debió haber detenido su mundo. Jamás olvidaré en dónde estaba y qué es lo que hacia cuando escuché la noticia del asesinato del Presidente John F. Kennedy. El efecto de esa noticia fue un cese de toda actividad rutinaria mientras no solo mi mundo sino literalmente el mundo entero se sumergió en un horror y pesar inmediato.

Me pregunto si, en el momento en el que Isaías se detuvo en la tumba y vio sepultado a Uzías, ¿habrá sido repentinamente confrontado con el hecho de lo breve y limitado de la vida? Mientras miraba el cuerpo inerte del rey, ¿quedó impactado de manera personal con el pensamiento parte *la vida debe ser algo más que vivir*? ¿Se habrá preguntado qué de su vida trascendería la tumba? ¿Qué cosa, de todo lo que estaba haciendo, tendría significado eterno?

Tampoco olvidaré el estar detrás de un púlpito en una iglesia atiborrada de personas, mirando hacia el ataúd forrado de tela color rosa de una de mis amigas más cercanas, quien había fallecido repentinamente por causa de un virus mortal. Mientras predicaba el sermón en el funeral, quedé impactada por la *temporalidad de la vida*.

En un minuto mi amiga estaba saludable, vibrante, sonriente, cocinando, cuidando su jardín, cosiendo, decorando, planeando, amando... y veinticuatro horas después, ¡se encontraba en la eternidad! ¡Esa fue una experiencia que sacudió mi vida! Me alejé del púlpito más comprometida que nunca a vivir una vida que siguiera viva —aun *después de mi muerte*— a través de las vidas transformadas que resultaran de mi obediencia fiel al llamado de Dios para mí.

Debido a que mi experiencia limitada con la muerte me ha dado un agudo sentido de mi propia mortalidad, puedo asumir que Isaías también fue sacudido de la misma forma.

Y mi experiencia con la muerte también me sacudió emocionalmente.

Un despertar por la sacudida de una tormenta emocional

En el año 2005 nuestro mundo quedó inundado de imágenes de la desesperación y el dolor humano que siguieron al devastador tsunami en el Sur de Asia. Observamos con horror las pantallas de nuestros televisores que trajeron a nuestras salas de estar los rostros contraídos de las madres a las que les fueron arrancados sus infantes de sus brazos; las víctimas inconsolables cuyas familias desaparecieron sin dejar rastro; los ojos horrorizados y vidriosos de los oficiales de salud mirando detenidamente por encima de las máscaras que cubrían sus bocas mientras observaban, consternados a cadáveres colgados sobre las ramas de los árboles, arrojados a la playa y apilados como leña en los templos.

Pueblos desaparecidos,

negocios eliminados,

vidas destruidas,

topografía alterada,

esperanza evaporada.

Y por todas partes había, y continuaría presente por un largo tiempo, un dolor insoportable. «¡Todo está inservible, todos están llorando!», fue el testimonio sentido de un habitante de Sri Lanka.[3]

Me pregunto si todos en el mundo de Isaías también lloraron.

De acuerdo a la tradición, existe una pequeña posibilidad de que el Rey Uzías fuese pariente de Isaías. De ser así, me imagino que el impacto inicial por la muerte del rey fue el dolor. Debió haber un periodo de intenso duelo. Me pregunto si Isaías experimentó lo que sintió David cuando reveló de una manera conmovedora lo siguiente: «Cansado estoy de sollozar; toda la noche inundo de lágrimas mi cama, ¡mi lecho empapo con mi llanto!».[4]

¿Has inundado tu cama con llanto y empapado tu sillón con lágrimas? ¿Has experimentado últimamente la muerte de un ser querido? ¿Un sufrimiento impronunciable ha penetrado tu mundo? ¿O estás experimentando...

la muerte en vida que representa un divorcio?

el temible diagnóstico de una enfermedad que te debilita y que amenaza tu vida?

la insuperable distancia que te separa de una de tus amistades?

la barrera invisible de duros sentimientos acumulados por...

el desacuerdo,

los celos,

un malentendido,

el engaño,

o el quebranto causado por la traición...

que te aísla en tu propio mundo de desdicha? ¿Estás exhausto por causa del dolor emocional? ¿Sientes que a veces no puedes soportar *una cosa más*?

Aun en medio de tu desdicha, ten presente que el mismo peso de tus cargas y la intensidad de la presión puede ser exactamente lo que Dios va a usar en tu vida para desencadenar una experiencia de avivamiento personal.

Es posible que Dios esté preparando tu corazón para vislumbrar su gloria de forma que cambie tu vida, pero antes que eso ocurra es posible que tu carga se torne más pesada y tu presión aumente, mientras luchas en ese evento que sacude tu vida.

Me pregunto si la carga de Isaías fue mayor por el hecho de saber que Uzías, al hacerse más viejo, permitió que el orgullo gobernara su vida hasta el punto en el que ya no fue útil ni agradable a Dios. El pecado en la vida de Uzías le separó de su familia, sus amigos y de la presencia de Dios en el templo.[5] ¿El dolor de Isaías se habrá intensificado por el desesperante, escalofriante y desgastante conocimiento de que su ser querido murió estando separado de Dios?

¿Has experimentado el tormento emocional de tener que observar con impotencia que el pecado domina y destruye la vida de algún ser querido? ¿Se ha intensificado tu pena debido a que, luego de orar seriamente, con pasión y de manera continua, algún ser querido se separó más y más de quienes le rodeaban, aislándose, hasta el punto de cerrar finalmente la puerta a cualquier reconciliación o restauración de las relaciones? Lo definitivo de esa ruptura puede ocasionar, en el aspecto emocional, una extrema sacudida en tu vida.

«En el año del la muerte del rey Uzías» (6:1), la vida de Isaías no fue sacudida solamente de manera emocional y personal, sino que se añadió a su sufrimiento el hecho de que, el, podría haber sido sacudido financieramente mismo tiempo.

Un despertar por la sacudida de una tormenta financiera

Basados en los últimos escritos de Isaías, asumimos que vivió en el palacio del rey; ¿podría ser que cuando Isaías tenía una necesidad financiera o material, simplemente tenía que acudir al Rey Uzías para que él la supliera?

Aun cuando Jotán, el hijo de Uzías, gobernó como rey interino mientras la enfermedad confinó a su padre en otro palacio, las necesidades de Isaías muy probablemente fueron satisfechas de forma generosa. Bien podría ser que Isaías nunca había tenido que pensar cuál sería el origen de su siguiente comida, jamás luchó por buscar y encontrar un sitio en dónde hospedarse y que él pudiera pagar, jamás se cuestionó si podría acomodar en su presupuesto la compra de un nuevo par de zapatos, jamás se preguntó cómo podría pagar la colegiatura de la educación de su hijo. De hecho, es posible que jamás haya tenido que presupuestar nada. Tal vez jamás pensó siquiera en las finanzas. Pero ahora el rey estaba muerto, y existe la posibilidad de que el flujo de efectivo de Isaías fuese recortado, sacudiéndolo financieramente y añadiendo esto a todo lo demás que debía soportar.

¿Has experimentado un contratiempo financiero o material a través de...

un despido?

un recorte de personal?

un divorcio?

la pérdida de una inversión?

una herencia robada?

un plan insuficiente de retiro?

una factura por servicios médicos por una cantidad astronómica?

¿Y quizá este contratiempo financiero llegó al mismo tiempo que...

un accidente automovilístico o un incidente de acoso?

el diagnóstico de un médico o el pronóstico de un padre?

una casa incendiada o una libertad condicional denegada?

la traición de un amigo o el fracaso de un hijo?

el retraso mental de un bebé o la adicción de un hermano?

el estigma racial o el anuncio de un despido?
una amenaza iracunda o un tornado
despiadado?
una casa inundada o un cónyuge infiel?
una violación traumática o
un robo silencioso?

He pasado tiempos en mi vida en los que los problemas parecen venir en varias capas. Esto ha sido cierto especialmente en los meses subsecuentes al retiro de mi esposo de la profesión odontológica.

Por primera vez en nuestros casi cuarenta años de matrimonio tratamos de vivir de acuerdo a un presupuesto. Inesperadamente, nuestros limitados ingresos tuvieron que estirarse durante un periodo de seis semanas en el que mi esposo requirió de la inserción en el corazón de tres dispositivos para mantener abiertas las arterias y que se le colocaron por medio de catéteres. También fue sometido a tres cirugías láser en sus ojos debido a su retinopatía diabética, y se le diagnosticó apnea, por lo que ahora trata de adecuarse a dormir con una máscara fijada en el rostro.

Además, mientras él luchaba con un desafío tras desafío, yo había viajado a dos ciudades para unas serie importante de reuniones, supervisando ajustes estratégicos de personal en nuestro equipo ministerial, me enfermé de gripe en tres ocasiones, y luché en medio de noches en vela mientras me ajustaba a un esposo que se estaba ajustando a su vez a su máquina de dormir.

Debo añadir que, en medio de todos estos desafíos, ¡comencé a escribir este libro! Ah, sí, además nuestro hijo se mudó de nuevo a casa para vivir una temporada con nosotros, y ¡nuestra nieta celebró su tercer cumpleaños!

Hay días en los que siento que no puedo mantener mi cabeza por encima del agua. Estos acontecimientos que sacuden nuestras vidas parecen apilar tensión y luchas, presiones y problemas, en cada lugar al que voy y en toda relación personal que tengo, en especial cuando se añaden al ajuste cotidiano de vivir con un presupuesto por primera vez en la vida.

Esta temporada de turbulencia personal y financiera sirvió para crear un gran nivel de expectativa en mi corazón. Dado que sé que Dios me ama y tiene el control de todas las cosas, también sé que esta ronda actual de múltiples desafíos que estoy enfrentando deben significar que *él tiene algo entre manos. ¿De qué se trata?*

Sea lo que sea, ¡sé que él me está diciendo que necesito despertar! Necesito ajustar mi actitud, dejar de sentir lástima por mí misma, dejar de quejarme en mi espíritu, dejar de demandar que él me dé alivio, y comenzar a mirar mi situación desde su perspectiva. Necesito abrir los ojos de mi corazón y comenzar a analizar las «nubes de la tormenta» para encontrar el mensaje escrito ahí.

Con lo horrible, malo, feo u obsceno que pueda ser el sufrimiento personal, emocional, financiero o de cualquier otro tipo, tengo fuertes sospechas de que ¡Dios quiere usarlo para llamar mi atención! Sea lo que sea que esté sacudiendo tu vida y la mía, puede simplemente tratarse del toque de trompeta que anuncia la señal de alerta de Dios para nosotros, ¡conduciéndonos al avivamiento personal! Y es que debes recordar que fue durante ese tiempo difícil, en «el año de la muerte del rey Uzías» (6:1), en el que ¡Isaías vio al Señor!

No dejes pasar el mensaje

El 17 de diciembre de 1903, Orville y Wilbur Wright enviaron un telegrama desde los bancos externos de Carolina del Norte a su padre, el obispo Milton Wright, en Dayton, Ohio, comunicándole su asombroso logro que sabían se trataba de una noticia que haría historia. El mensaje, escrito en el austero estilo típico del telegrama, decía: Exitosos cuatro vuelos jueves mañana todos contra viento veintiún

MILLAS INICIÓ DESDE SUELO CON SOLO MOTOR VELOCIDAD PRO-
MEDIO POR AIRE TREINTA UN MILLAS MÁS LARGO[57] SEGUNDOS
INFORMA PRENSA CASA NAVIDAD.

Aparentemente, El obispo Wrightenvió el mensaje a otro
hijo adulto, Lorin, quien lo comunicó a Frank Tunison, un
reportero de la Prensa Asociada (AP por sus siglas en inglés) y
al *Dayton Journal*. Tunison recibió la información pero no
«entendió» su importancia. No creyó que la proeza de los hermanos Wright era digna de mencionarse en las noticias, así
que se «durmió» mentalmente en lo que probaría ser uno de
los más grandes acontecimientos noticiosos de su carrera.

Pero en Carolina del Norte, el humilde operador del telé-
grafo *sí* comprendió el mensaje. Y aunque los hermanos
Wright le solicitaron no decirle a nadie (porque ellos deseaban
que las noticias se escucharan desde su propio pueblo natal),
no se pudo guardar el asombroso reporte.

Como resultado de ello, los primeros reportes del histórico vuelo de los hermanos Wright aparecieron en los periódicos de Cincinnati, Nueva York y Virginia, y no en la
publicación de su pueblo natal.

Al reportero de Dayton le habían dado la primicia de lo
que quizá fue la noticia más grande del siglo XX —el primer
vuelo del hombre— ¡pero ignoro pasar el mensaje por completo![6]

Cuando ocurren desastres, ya sea a nivel nacional, tales
como un huracán destructor o el ataque del 11 de septiembre
a los Estados Unidos; o a nivel personal, tales como el divorcio, la muerte, o la enfermedad; o a nivel económico, como un
despido, la caída de la bolsa de valores o una recesión; o cualquier otra tormenta mortal, emocional o financiera, ¡es vital
que tú y yo miremos al cielo! ¡No ignores el mensaje! *Es posible
que Dios esté llamando...*

El apóstol Juan testificó que «Isaías ... vio la gloria de Jesús
y habló de él».[7] Cuando la vida de Isaías se sacudió con la

señal de alerta de Dios, y a pesar de lo increíble que pueda parecer desde su perspectiva basada en el Antiguo Testamento, sus ojos fueron abiertos a una visión fresca de Dios en la persona preencarnada[8] de Jesucristo. Él no ignoró el mensaje contenido en la tormenta.

Hace varios años, mi padre fue sometido a repetidas cirugías por causa de la hidrocefalia. Se le insertaron sondas en la cabeza para drenar el fluido que estaba incrementando la presión en su cerebro, causándole síntomas del tipo de los que muestra la enfermedad de Parkinson. Su estancia en el hospital fue prolongada y hubo momentos en los que él sinceramente creyó que su entrada al cielo era inminente. En varias ocasiones le he escuchado decir a nuestros familiares y amigos cercanos que esos días en el hospital estuvieron llenos de trauma físico y emocional, pero también de una aguda consciencia de la presencia de Dios. Él ha descrito esos días como intensamente espirituales e inmersos en la adoración dado que él cree que Dios bajó a ese cuarto de hospital y le trajo un toque fresco del cielo. Al observar la fuerza física renovada de su cuerpo, la paz en su corazón y el radiante gozo en su rostro, yo le creo. Si tu vida está siendo sacudida, prepárate para lo que bien podría ser una experiencia que cambie tu vida a través del avivamiento personal. Esta puede ser la mismísima señal de alerta que Dios utilice para abrir tus ojos a la visión de su gloria.

Sea lo que sea que Isaías hacía o pensaba o sea cual fuera la forma en la que fue afectado cuando recibió la noticia de la muerte de Uzías, no creo que se le hubiera ocurrido ni en sus sueños más disparatados que esta experiencia personal, emocional, financiera, radical, y que sacudió su vida, fue la señal de una visión dramática, inminente y transformadora en la que sus ojos fueron abiertos y él pudo decir: «He visto al Señor».

Pero así fue...

Tres

¡Abre tus ojos!

Isaías 6:1 - 4

El Señor es mucho más de lo que conoces.

La historia de Carole

En una noche oscura y nevada en Fargo, Dakota del Norte, ¡yo vi al Señor! La visión llegó cuando escuché a Anne Graham Lotz presentar un mensaje de la Palabra de Dios describiendo la experiencia personal de avivamiento de Isaías.

Las palabras de Anne me proporcionaron una perspectiva totalmente nueva. Me doy cuenta ahora de que mis estudios bíblicos y mis devocionales diarios en ese punto de mi vida estaban enfocados en una enorme medida en Jesús como Emmanuel: Dios con nosotros; Dios conmigo. Veía al Señor en gran medida como el Señor de mi vida cotidiana. Con todo el consuelo que esa realidad conlleva, estaba dejando pasar muchísimo más al no morar en su majestad. Estaba dejando pasar el asombro que viene de reconocerle como Rey, sentado en el trono no solo de mi minúscula vida sino de toda la creación.

El mejor ejemplo de lo que estoy describiendo es la reacción que tuve al conocer al presidente George W. Bush justo un año antes, cuando él se nos unió en una pequeña reunión de ejecutivos de compañías dedicadas a la tecnología. Una de mis colegas y yo asistimos a la reunión como representantes de nuestra compañía y para presentar nuestras aplicaciones informáticas como una forma de cooperar en la solución de la crisis energética emergente en la nación, la cual había sido marcada recientemente por los apagones en California. Luego de la presentación que le hicimos y del corto diálogo que le siguió, mi colega y yo nos sentimos impactadas de lo amable y agradable que él fue. Parecía estar sinceramente interesado en nuestra solución, hizo preguntas perspicaces, y fue muy cálido y encantador. De camino a la salida, le comenté a mi colega: «Es tan fácil hablar con él, fue como reunirme con uno de mis hermanos». Continué

comentándole cómo es que casi tenía que recordarme intencionalmente durante el diálogo que no debía familiarizarme demasiado o ser
demasiado casual en la conversación, de modo que no olvidara que
estaba hablando con el líder del mundo libre.

El recuerdo de ese momento me ayudó a darme cuenta de que me
había «familiarizado» tanto con Jesús en mi vida diaria que había
perdido de vista el hecho de que él es el Rey del universo.

De una forma en la que ahora me doy cuenta que es el sello de
su estilo al escribir y al hablar, Anne utilizó durante su presentación
varias palabras que plasmaron en mi mente una imagen de la escena
descrita antes en Isaías 6. Sin usar un lenguaje emotivo sino una descripción clara de la que vio Isaías, fue como si las palabras de Anne
me transportaran al interior del templo de Dios. De repente olvidé que
estaba sentada en el santuario de un cavernoso templo en una noche
nevada en Dakota del Norte con cientos de personas a mi alrededor.
Luego de las palabras de Anne, seguí cada aspecto de esa escena en
detalle: las alas de los ángeles, el humo glorioso, la magnífica túnica
larga que llenaba cada centímetro del templo y los cantos que cimbra-
ban los cimientos.

Para cuando terminó la noche, como nunca antes, vi al Señor sentado en el trono: EXCELSO.

Conocer a Dios como él realmente es

Años atrás, al concluir una conferencia que ofrecí a una
gran audiencia secular y nacional, el maestro de ceremonias se
paró detrás del podium y respondió en una voz condescen-
diente y mordaz: «Señora Lotz, pensamos que usted tiene que
entender una cosa. Todos tenemos nuestro propio dios.
Algunos le llamamos Buda, otros le llamamos Mahoma, algunos le llamamos Mesías, y algunos otros le llamamos Jesús». Al
sentarse y terminarse el programa, me fui de allí pensando *Yo
no quiero conocer a Dios así. No quiero conocer a Dios por los
nombres que otras personas le dan.* No quiero conocerlo de
acuerdo a lo que alguien...

dice que él se asemeja,
o piensa que puede asemejarse,
o le enseñaron que puede asemejarse,
o adivina que puede asemejarse,
o incluso desea que se asemeje.

Quiero conocerle como él realmente es. Si hay un Dios en el cielo, entonces seguramente hay un nombre con el que se denomina a Sí mismo. Quiero conocer ese nombre. Y si hay un Dios en el cielo, entonces debe poseer intelecto, emociones y voluntad. Quiero conocer su carácter y su personalidad. *Quiero conocerle*, no solo *saber acerca de él* ¡por boca de terceras personas!

No estaré satisfecha con una amplia variedad de opiniones. Quiero saber la verdad. Acerca del cielo. Acerca del infierno. Y más que de cualquier otra cosa, acerca de Dios. Sin embargo...

¿cómo puede alguien conocer a Dios?
¿cómo puede una persona finita conocer
al Infinito?
¿cómo puede un ser humano conocer lo Divino?
¿cómo puede un mortal conocer al Inmortal?
¿cómo puede esta minúscula persona hecha de polvo
conocer al Eterno?
¿cómo puede alguien que está sujeto a la gravedad del planeta tierra conocer a Aquel que sostiene a las estrellas en sus manos?

Es simplemente ridículo spensar y anhelar eso.. A menos que... Dios decida revelarse a la humanidad; a ti... y a mí.

Y maravilla de maravillas, ¡Dios ya *decidió* revelarse!

El apóstol Juan declaró que «Dios es luz»,[1] y la característica primaria de la luz es que se revela a sí misma. Así que Juan anunció las emocionantes noticias de que Dios se reveló a la humanidad en dos formas primordiales: la revelación escrita que denominamos la Biblia, y la revelación viva que conocemos como Jesucristo.

Hay un Dios vivo y verdadero quien creó todas las cosas y controla todas las cosas: un Dios que escogió revelarse a ti y a mí. Simplemente necesitamos despertar y abrir nuestros ojos a él.

Ver a Dios por ti mismo

¿Cuál es la forma en la que tú y yo abrimos nuestros ojos al Invisible? ¡No podemos! No por nosotros mismos. Dios tiene que ayudarnos, pero al mismo tiempo debemos estar dispuestos a permitirle que obre en nuestras vidas. Y los ojos que necesitan ser abiertos no son los que están en nuestra cabeza, sino en nuestro corazón.

Me pregunto si no es que Dios quiere revelarte su gloria, pero tal vez tú no tienes «los ojos abiertos». ¿Estás concentrado más bien en las presiones y los problemas, incapaz de ver que simplemente son la envoltura en el exterior del «paquete» que contiene un fresco encuentro con él?

Tengo una amiga muy querida a quien se le conoce por la forma espectacular en la que envuelve y presenta sus regalos. Utiliza metros y metros de listón para elaborar complicados moños y el papel para envolver siempre está perfectamente arrugado y combinado. Los adornos del paquete son por sí mismos un regalo. Su teoría es que no importa qué tan malo u ordinario sea el regalo dentro del paquete, quien lo recibe se emociona solo por la apariencia. ¡Y está en lo correcto! Siempre me emociona recibir uno de sus primorosos paquetes pero, al mismo tiempo, recuerdo que alguno de los regalos más valiosos que he recibido han llegado en envolturas muy ordinarias.

En uno de mis cumpleaños, mi madre me envió un paquete envuelto con un sencillo papel color ocre. Al abrirlo descubrí una llamativa canasta mexicana de paja multicolor, rellena de papel delicado. De hecho, ¡pensé que mi mamá había perdido totalmente su buen juicio! Me deshice del papel delicado, preguntándome qué cosa iba a hacer con la canasta, y luego le llamé para agradecerle su «regalo». Mamá rió cuando le agradecí la canasta y luego preguntó qué pensaba de lo que estaba dentro de ella. Le dije que no había nada adentro excepto el papel, y que ya lo había desechado. Ella respondió con apuro, «¡Oh, no, Anne! ¡Dentro del papel está tu verdadero regalo de cumpleaños!».

Salí corriendo, abrí el depósito de basura y busqué entre los desechos pieza por pieza hasta encontrar el bulto de papel delicado. ¡Dentro estaba un pequeño anillo de oro con una piedra de lapislázuli que fue extraída del piso del Palacio de Susa y que posteriormente se compro al Museo Británico![2] ¡Había enviado a la basura un invaluable tesoro simplemente por la forma en la que venía envuelto!

¿Qué invaluable tesoro estás en peligro de enviar a la basura simplemente por la forma en la que viene empacado? ¿Podría ser el tesoro de *verle a él*? En ocasiones Dios envuelve su gloria en circunstancias difíciles, feos obstáculos o dolorosas dificultades, y precisamente nunca se nos ocurre que dentro de esos acontecimientos que sacuden nuestra vida se encuentra una revelación fresca de él.

En el Antiguo Testamento, Dios envolvió su gloria en una tienda terrenal que desde el exterior debió parecer, si no fea, ciertamente muy ordinaria. La tienda fue denominada el tabernáculo,[3] y albergaba la manifestación de su presencia cuando los hijos de Israel deambulaban por el desierto.

Dios les dio instrucciones para cubrir el tabernáculo mismo con capas de cabello de cabra, pieles de carnero e, inclusive, ¡con piel de delfín![4] ¡Un observador casual jamás sospecharía que albergara ahi dentro gloria *alguna*! Sin embargo, la *Shekinah* [5] gloria de Dios se reveló dentro de esta cobertura humilde y poco apropiada.[6]

¿Dios está tratando de forzarte a abrir los ojos de tu corazón de manera que pueda mostrarte su gloria? ¿Con ese propósito está utilizando una experiencia personal, emocional, financiera que sacude tu vida y que ahora estás soportando? ¿Y has malentendido de tal forma que, mientras más intensa se pone tu situación, más fuerte aprietas tus ojos en contra de su voluntad y de lo que él está tratando de revelarte? Estás tan concentrado en las envolturas externas como...

la presión y los prolemas,
el estrés y las luchas,
el ataque y la aflicción,
el sufrimiento y el dolor,
el fracaso y la fatiga,
lo mundano y la rutina,
las responsabilidades y las relaciones personales,
la injusticia y el juego sucio,
la pérdida y el duelo,
los «y qué tal si...» y los «si solamente...»,

que ¡¿estás en peligro de perder o inclusive de desechar la revelación personal y fresca de sí mismo que él quiere darte?! Y si te pierdes de lo que él está tratando de darte en este momento, ¿qué es lo que tendrá que hacer la próxima vez para atraer tu atención?

Deja de resistirte a él. Deja de tener resentimientos en su contra. Deja de quejarte. Deja te tenerte lástima. Deja de demandar lo que quieres. Deja de concentrarte en las envolturas externas de ti mismo y de tus circunstancias.

Ajusta tu actitud. Cambia de opinión respecto a las cosas, respecto a ti mismo, respecto a otros, respecto a él. Relájate en una confianza total. Él sabe lo que hace.

¡Desenvuelve el paquete! ¡Abrelo y busca! Deja que él abra los ojos de tu corazón. ¡ABRE TUS OJOS! *Abre tus ojos* a la visión de su gloria! En oración, con expectativa, con sinceridad, ¡abre tus ojos a él!

Isaías lo hizo. En medio de su experiencia personal, emocional, financiera y que sacudió su vida, abrió sus ojos y exclamó: «En el año de la muerte del rey Uzías, *vi al* Señor» (6:1).[7] Su exclamación parece retumbar a través de las edades, levantando sus palabras de las páginas al igual que su espíritu fue lanzado para remontar en la estratósfera del mundo eterno, hacia el mismísimo salón del trono del cielo.

¡Gloria a Dios! Si Isaías pudo tener una visión así, ¿por qué yo no? Así que si el ataque es furioso, y la presión es implacable, y el dolor es insoportable, mi espíritu está de puntillas mientras mi corazón susurra de esta manera: *Dios, ¿qué me vas a revelar? ¿Qué me tienes preparado dentro de este paquete? ¡Mis ojos están bien abiertos!*

Abre los ojos de tu corazón a su poder

Cuando Isaías abrió sus ojos y exclamó: «Vi al Señor sentado en un trono» (6:1), su visión todavía fue más emocionante porque fue una revelación de Dios... *¡en la persona de Jesucristo!*[8] Y el hecho de que Isaías viera a Jesús sentado en el trono fue significativo, porque reveló que Jesucristo tenía autoridad absoluta *en todo* lo que estaba ocurriendo en el universo, en el planeta tierra, en la nación de Judá y en la propia vida de Isaías. Los ojos de Isaías fueron abiertos al poder y autoridad de la soberanía del Hijo de Dios.

Ha habido momentos en lo que he estado tentada a dudar que Jesús está sentado en el trono y tiene el control de todas las cosas. Cuando mi hijo de veintiocho años llamó y me dijo tranquilamente, «Mamá, tengo cáncer», yo clamé, «Jesús, ¿estás sentado en el trono?».

Cuando ese mismo hijo, siete años después, me llamó y con voz tensa y monótona me dijo, «Mamá, fui con el abogado y demandé el divorcio», nuevamente clamé, «Jesús, ¿estás sentado todavía en el trono?».

Con toda honestidad, al finalizar cada una de esas llamadas, los ojos de mi corazón fueron abiertos de inmediato, y yo «vi» a Jesús sentando en el trono, con el control absoluto de los acontecimientos que parecían enormes olas de un tsunami que se estrellaban en las costas de mi vida. Yo sabía que mientras estuviera desamparada en mí misma, podía asirme de Aquel que es poderoso y cuya fidelidad le rodea.[9]

Yo sabía con certeza que él estaba llevando a cabo su propósito, que sería un propósito mucho más grande de lo que mi mente podía concebir,[10] que si yo simplemente creía, entonces vería su gloria,[11] y que ahí estaba simplemente para confiar en él cuando no entendiera el por qué de todo.[12]

Saber que él está en el trono, controlando todas las cosas, me da paz y seguridad. Sé que mi vida no está girando al azar en una espiral sin propósito; tiene un propósito eterno que él está llevando a cabo para mi bien y para su gloria.[13]

¿Qué ha causado que dudes que Jesús está sentado en el trono? ¿Cuestionas su autoridad absoluta debido a que ocurrió algo malo e inesperado?

¿Estás ciego a la visión de él en el centro del universo con el control total de todo lo que ocurre en tu vida? ¿Qué cosa sigue cerrando tus ojos con fuerza?

Cuando el vehículo de la policía militar se estacionó frente a tu casa y salieron de él dos oficiales, llamaron a la puerta y dijeron, «Lamentamos informarle...», ¿clamaste «Jesús, estás sentado en el trono»?

Cuando tu hija adolescente y soltera llegó a casa y te dijo que estaba embarazada, ¿clamaste «Jesús, estás sentado en el trono»?

Cuando tu esposo se retiró y en el lapso de un año le diagnosticaron una enfermedad terminal, ¿clamaste «Jesús, estás sentado en el trono»?

Cuando tu esposa quedó paralizada por un accidente en el que el culpable fue un conductor en estado de ebriedad, ¿clamaste «Jesús, estás sentado en el trono»?

Cuando volviste de tu trabajo para hallar una notificación de desalojo pegada a la puerta de tu departamento, ¿clamaste «Jesús, estás sentado en el trono»?

El testimonio de Isaías responde al clamor que sale de tus entrañas de esta manera: «¡Sí! ¡Sí! ¡SÍ! Jesucristo, el Señor Dios, ¡está sentado en el trono! ¡Yo lo vi sentado ahí!». Y solo en caso de que tú o yo llegásemos a decir que eso era algo para entonces pero no ahora, en el fin de la historia humana, recuerda que el apóstol Juan puso de relieve la visión de Isaías cuando también exclamó: «Después de esto miré, y allí en el cielo había una puerta abierta. ... Al instante vino sobre mí el Espíritu y vi un trono en el cielo, y a alguien sentado en el trono».[14] *¡Jesucristo todavía está sentado en el trono!*

¿Tus lágrimas han cegado la visión del poder de Cristo que quiere darte en este mismo momento? ¿Eres como María Magdalena en la mañana de ese primer día de la semana luego de la crucifixión de Jesús? Cuando ella miró los huecos vacíos en la tumba, su corazón quedó quebrantado y su espíritu sufrió al concluir que, no solamente Jesús había sido crucificado y sepultado, sino que su tumba había sido profanada y robado su cuerpo. Luego, «volvió la mirada y allí vio a Jesús de pie, aunque no sabía que era él».[15]

Jesús estaba vivo y presente en la vida de María, sin embargo ¡ella no lo sabía! ¡Debió quedar cegada por sus lágrimas de dolor, confusión, impotencia y desesperanza! La evidencia más dramática del poder de Dios que se ha mostrado alguna vez en la historia humana estaba de pie a su lado, ¡y ella no lo vio!

¿Será que Jesús está esperando pacientemente *en tu* vida para ofrecerte la evidencia de que su poder no se ha diluido o retirado desde esa primera mañana de Resurrección? ¿Estás concentrado en cualquiera que sea tu situación, la cual se ve radicalmente distinta de lo que habías imaginado, de manera que no lo puedes ver?

¿Tus lágrimas te han impedido verle? ¿Estás tan concentrado en tu propio dolor, pena, confusión, impotencia o desesperanza que te estás perdiendo la más grande bendición que has de recibir jamás? ¿Será que, en este mismo momento de tu vida, Jesús está justo ahí en *donde estás tú*?

Cuando Isaías levantó la vista, quizá a través de unos ojos que también habían estado inundados de lágrimas, él vio al Señor, no solo sentado en un trono, sino «sublime» (6:1).

Abre los ojos de tu corazón a su posición

La posición de más alto rango en nuestra nación es la presidencia. Debido a que los Estados Unidos son líderes del mundo, el cargo de presidente se considera la posición de más alto rango en el mundo. Quien quiera que es electo para esa posición la mantiene durante cuatro años o posiblemente ocho y luego se desvanece en el campo de golf, en el club de los discursos luego de la cena, o en una gira promocional para presentar su libro.

Pero Jesucristo, el Señor Dios de la visión de Isaías, mantiene la posición más alta, no solo en los Estados Unidos o sobre el planeta tierra, ¡sino en el universo entero! Y no solo durante cuatro u ocho años, ¡sino por siempre y siempre y siempre! Jamás votará nadie para que deje el cargo. ¡Jamás será expulsado o derrocado! Jamás se retirará o envejecerá.

Dado que mantiene la posición más alta en el universo por siempre y para siempre, ¡yo jamás seré condenada![16] ¡Mi esperanza es segura![17] ¡Mi futuro está asegurado![18] ¡Sus promesas son verdad![19]

Si él dice que Dios me ama, *Dios me ama*.[20]

Si él dice que estoy perdonada, *estoy perdonada*.[21]

Si él dice que soy hija de Dios, *soy hija de Dios*.[22]

Si él dice que tengo vida eterna, *tengo vida eterna*.[23]

Si él dice que su Espíritu vive en mí, *su Espíritu vive en mí*.[24]

Si él dice que tengo el poder para vencer, *tengo el poder para vencer*.[25]

Si él dice que mi vida tiene relevancia eterna, *mi vida tiene relevancia eterna*.[26]

Si él dice que soy bienvenida en el cielo, *soy bienvenida en el cielo*.[27]

¡Gloria a Dios! ¡No existe una autoridad mayor en todo el universo por encima de Jesús! Lo que él dice, es. Cuando clamo a Jesús, estoy clamando a la más alta autoridad que existe, ¡en todo el universo!

Al pronunciar su Palabra...

brilla la luz,[28]

gira el planeta,[29]

cesan los vientos,[30]

huyen los demonios,[31]

caen las montañas,[32]

los cojos caminan,[33]

los sordos oyen,[34]

los ciegos ven,[35]

los leprosos sanan,[36]

los muertos resucitan,[37]

¡y el cielo queda abierto para ti y para mí![38]

¡Gloria a Dios! *¡Gloria a Dios!* ¡GLORIA A DIOS! Cuando mi vida se sacude, ¡mis ojos se abren al poder de Cristo, a la posición de Cristo y a la persona de Cristo!

Abre los ojos de tu corazón a su persona

Con una voz que todavía pulsaba con la emoción de la revelación, Isaías se regocijó: «Vi al SEÑOR ... sublime» (6:1). Jesucristo no solo tiene la posición más alta en el universo, ¡él es la persona más grande del universo! No hay persona u objeto mayor que él.

El pueblo de Dios en Judá necesitaba de una visión fresca y clara de su grandeza porque se habían fascinado con otros dioses, cayendo tan lejos de la verdad que, de hecho, se involucraron en prácticas idolátricas. Habían adoptado a los dioses ajenos de las naciones vecinas, sustituyendo con superstición y falsedad la verdadera adoración al Dios viviente.[39]

Su fascinación con otros dioses fue aún más asombrosa porque ninguna nación sobre la faz de la tierra había experimentado al único Dios verdadero y vivo en la medida en la que Judá lo había hecho.[40] Dios había...

liberado a su pueblo de la esclavitud en Egipto con mano poderosa,[41]

abierto el Mar Rojo para que cruzaran en tierra seca,[42]

destruido de forma sobrenatural al ejército del faraón que les perseguía,[43]

alimentado al pueblo con maná en el desierto,[44]

saciado su sed con agua salida de una roca,[45]

dado al pueblo la revelación única de sí mismo a través de la ley, los sacrificios y las ceremonias,[46]

retirado el río Jordán para dejarles pasar en seco hacia la Tierra Prometida,[47]

hecho que los muros de Jericó se derrumbaran,[48]

entregado al enemigo en sus manos a través de victoria tras victoria,[49]

y los había bendecido con una tierra de la que fluía leche y miel.[50]

Levantó profetas, sacerdotes y reyes para guiarlos en el camino correcto.[51]

Les dio su Palabra para que lo conocieran en verdad.[52]

Les dio su corazón para que solo le amaran a él.[53]

Les dio a su Hijo para que, en última instancia pudieran vivir eternamente con él.[54]

A pesar de todo esto, Judá, el pueblo de Dios que llevó su nombre, le rechazó, ... le descuidó, ... le desairó, ... le desafió, ... le desobedeció, ... le abandonó mientras coqueteaba con otros dioses, entregándose luego a ellos. Sin duda, Judá necesitaba una visión claramente definida y agudamente concentrada de su grandeza.

Así que tú y yo, el pueblo de Dios que llevamos su nombre vivo en el mundo de hoy, mientras jugueteamos con dioses ajenos, los dioses de ...

el materialismo y el humanismo,
los deportes y el sexo,
los cristales y el comercio,
el placer y el poder,
las drogas y el alcohol,
la ciencia y la tecnología,
Alá, Buda, Mahoma, Krishna y Confucio...

dioses que no son en lo absoluto dioses sino superstición y mentira que se han convertido en cosas atractivas inclusive para quienes están dentro de la iglesia, ¡debido a que hemos perdido nuestra visión de la grandeza de nuestro Dios!

En años recientes, quienes proponen el pluralismo religioso han llegado al extremo de utilizar la participación de mi padre en un servicio nacional de adoración para validar su menoscabo de la verdad. El servicio memorial que se llevó a cabo en la Catedral Nacional en Washington, D. C., luego de los ataques del 11 de septiembre incluyó a líderes judíos, musulmanes y cristianos, incluido mi padre. Quienes promueven la idea de que todas las religiones son igualmente verdaderas han utilizado la participación de mi padre en este servicio, en el que participaron múltiples expresiones religiosas, para desafiar su compromiso con la sola verdad del evangelio. Mi respuesta es que mi padre fue invitado a participar en el programa; no planeó asistir. Hay una gran diferencia. Ninguna de las miles de reuniones que mi padre ha planeado y ha llevado a cabo alrededor del mundo jamás incluyó a alguien de otra religión para orar, predicar, cantar o leer la Escritura.

Al vivir en un mundo cambiante que en ocasiones utiliza...
        el pluralismo como justificación para la adoración de
                otros dioses,
        el multiculturalismo como excusa para negar la verdad,
        y lo políticamente correcto para callar la voz
                el evangelio,
quienes llevamos el nombre de Dios necesitamos una visón fresca de la grandeza de Jesucristo. Quizá esa es una razón muy legítima por la que Dios ha permitido que nuestro mundo se sacuda ... ¡para que podamos levantar la vista y ver al Señor!

Es solo que, en ocasiones, aun cuando elegimos abrir nuestros ojos, él parece muy difícil de ver, ¿no es cierto?

Abre los ojos de tu corazón a su presencia

¿Te sientes separado de Dios? ¿Sientes que a veces él está muy arriba y tú estás muy abajo? ¿Has sentido alguna vez que hay una enorme separación entre ustedes? ¿Te has sentido abandonado por él? Entonces, al igual que yo, necesitas aprender a descansar en fe no en tus sentimientos sino en la Palabra de Dios.

En mi jornada espiritual ha habido ocasiones en las que mis sentimientos han sobrepasado mi consciencia de la presencia de Dios en mi vida. Me he sentido abandonada por él. En momentos de debilidad como esos he necesitado de una visión clara de Jesús. He necesitado abrir mis ojos a su presencia en mi vida en la visión que me ha dado a través de su Palabra, que claramente promete «Nunca te dejaré; jamás te abandonaré».[55]

Isaías continuó recibiendo la visión que se descubrió delante de él y observó que «las orlas de su manto llenaban el templo» (6:1). Obviamente, ¡no había lugar en el que Jesús no estuviera![56] La omnipresencia de Jesucristo es un enorme consuelo para sus hijos.

Piensa en esto por un momento:

en las cuevas de las montañas de Afganistán,
en las sangrientas calles de Israel,
en la jungla colombiana infestada de drogas,
en los campos mortales de Corea del Norte,
en los campos de refugiados en Palestina,
en los campos de esclavos en Sudán,
en los inhumanos barrios bajos de Calcuta,
en los brillantes palacios de Arabia Saudita,
en los orfanatos de Romania,
en los hospitales para enfermos del SIDA en Sudáfrica,
en las impecables salas de juntas de los Estados Unidos,
en las degradantes recámaras de Tailandia...

El Señor está ahí.[57]

Y el Señor está *aquí*, en este lugar, y en mi corazón. Mis ojos se han abierto al hecho que de yo soy, como hija de Dios, su templo.[58] Porque cuando me acerqué a Dios por medio de la fe, confesé y me arrepentí de mi pecado, le pedí que me perdonara y limpiara con la sangre de Jesús, y abrí mi corazón, invitándole a venir a vivir dentro de mí, ¡él aceptó la invitación! Entró a morar en mí, en la persona del Espíritu Santo. Mi cuerpo se convirtió en su habitación, en su templo.

Me pregunto si tú tienes la misma seguridad. ¿Sabes que el Señor está allí, en tu corazón? ¿Cómo estás seguro de eso? Él es un caballero y solo entrará a tu corazón cuando lo invites. ¿Cuándo lo invitaste?

Si no le has invitado a morar en tu corazón, ¡entonces él no está allí! No hay posibilidad de avivamiento personal porque no ha vida espiritual que reanimar.

No quiero asumir, simplemente porque estás leyendo este libro, que el Señor está en tu corazón. He enseñado la Biblia durante treinta años y me he encontrado con cientos de hombres y mujeres que asumieron que eran cristianos...

porque han sido buenos,
porque eran miembros de una iglesia,
porque fueron criados en un hogar cristiano,
porque no eran musulmanes o judíos,
porque amaban a Jesús,
o porque simplemente se «sentían» cristianos,

pero jamás habían hecho de manera deliberada un trato de fe con Dios, un trato en el que confesaran y se arrepintieran de su pecado, declararan a Jesús como su Salvador personal y Señor, le recibieran en su corazón y, de esta manera, nacieran de nuevo en la familia de Dios como hijos de Dios.

¿Cuándo hiciste ese trato deliberado? Si no estás seguro de haberlo hecho, ¿lo harías en este mismo momento? Abre los ojos de tu corazón para ver a Jesús como alguien más que un hombre, un filósofo, un revolucionario o un gran profeta.

Míralo como a Dios envuelto en carne humana, vestido en ropas sencillas y sandalias...

Míralo ofreciendo su vida como sacrificio expiatorio por tu pecado en la Cruz para poderte ofrecer perdón y una relación correcta con Dios...

Míralo como el Señor resucitado, aplastando a la muerte y a la tumba para poderte ofrecer vida eterna...

Míralo aquí, en este momento, susurrando a tu oído: *Te amo. Por favor invítame a vivir aquí... en tu corazón... para siempre.*

Si has abierto tus ojos, si lo has visto como Salvador y Señor y anhelas su presencia en tu vida, entonces haz esta oración con sinceridad y en fe:

Querido Jesús, ahora veo quién eres. Por primera vez, realmente puedo verte. Eres el Creador que se convirtió en mi Salvador. Realmente quiero tu presencia en mi vida. Sé que no soy digno de ser tu templo. Soy un pecador y lo lamento. Pero creo que moriste por mí, y te pido que me perdones y me limpies con tu Sangre. Creo que te levantaste de entre los muertos para darme vida eterna. Por eso, ahora mismo, te pido que me des vida eterna. Abro mi corazón y te invito a venir a vivir dentro de mí. Entrego todo lo que soy, todo lo que tengo y todo lo que sé, bajo tu autoridad. Amén.

Si esa fue tu oración sincera de fe, ¡gloria a Dios! ¡abre tus ojos a la visión que ahora él te da! Su Palabra dice que ahora estás perdonado de todo pecado,[59] tienes vida eterna,[60] Jesús vive ahora en tu corazón en la persona del Espíritu Santo,[61] ¡y ahora eres un auténtico hijo de Dios![62]

¡Gloria a Dios! *¡Gloria a Dios!* Ahora Jesús está presente en tu vida, vive en tu corazón, ¡y no te dejará ni te desamparará! *¡ALABA AL SEÑOR!*

Mis ojos se abrieron a él como Salvador cuando yo era una pequeñita. Oré una oración de manera semejante, pero con palabras de niña y entendimiento infantil. Sin embargo fui sincera y mi fe quedó firmemente plantada en su Palabra. Por eso creo que, por su gracia y misericordia, yo realmente nací de nuevo en su familia en esa ocasión.

Isaías testificó que él vio no solo la presencia de Jesús *en* el templo, sino la *presencia* de Jesús llenando el templo. De la misma forma, mis ojos fueron abiertos no solo a Jesús en *mi* vida y corazón, sino a Jesús *llenando* mi vida y corazón. De hecho, me ha ordenado «ser llena con el Espíritu».[63]

¿Qué significa eso?

Ser lleno con el Espíritu es estar rendido momento a momento a su control en mi vida. El resultado es que estoy pareciéndome cada vez más a él, actúo más como él y vivo más como él. Significa que las bellas facetas de su gloriosa naturaleza —su amor, gozo, paz, paciencia, benignidad, bondad, fe, mansedumbre y templanza—, son cada vez más evidentes en mi vida, incluso para aquellos que me conocen bien, viven cerca de mí y trabajan lado a lado conmigo.

Significa que a esta reservada mujer, a esta tímida esposa y ama de casa, se le ha concedido una sólida audacia para luchar por Jesús cuando la ocasión lo demande. Significa que esta lengua, pobre y tartamuda, se suelta para hablar a favor de Jesús, presentando su verdad y amor de manera que sea transformada la vida de la gente.[64]

Y si él me puede transformar a través de la llenura de su Espíritu, ¡él puede transformarte a ti! Mis ojos fueron abiertos, no solo a la visión del Espíritu de Jesús llenando el templo, sino también llenando a la iglesia al llenar a cada uno de los individuos dentro de ella. Si Jesús pudo voltear al mundo de cabeza con doce discípulos llenos del Espíritu Santo, ¿te puedes imaginar lo que haría hoy día si todas las personas que afirman ser nacidas de nuevo en la familia de Dios estuvieran llenas con el Espíritu?[65] Y por eso derramo mi vida en las arenas y centros de convenciones, ante miles y delante de uno solo, en público o en privado, buscando conducir al pueblo de Dios, quienes llevan su nombre, a un fresco encuentro con él, de manera que sus ojos sean abiertos.

¿Puedes imaginarte la diferencia que habría en el lugar donde vives si cada iglesia estuviera compuesta de personas llenas del Espíritu de Jesús? ¿Puedes imaginarte la diferencia que habría en tu región si cada iglesia, en cada zona habitacional, en cada pueblo en tu región estuviera compuesta de personas llenas del Espíritu de Jesús? ¿Puedes imaginarte la diferencia que habría en tu nación si cada iglesia de cada zona habitacional, en cada pueblo, en cada región estuviera compuesta de personas llenas del Espíritu de Jesús? *¿Puedes imaginar la diferencia que habría en nuestro mundo si cada iglesia, en cada zona habitacional, en cada pueblo, en cada región, en cada nación estuviera compuesta de personas llenas del Espíritu de Jesús?*

Esa es la visión que le fue dada a Isaías de la presencia del Señor, una visión que expresó al exclamar: «las orlas de su manto llenaban el templo». Y esa es la visión que se necesita hoy, comenzando aquí mismo. En este mismo momento.

Conmigo. Contigo. Necesitamos rendir totalmente nuestras vidas, sin reserva, al control y autoridad amorosos, sabios y continuos de su Espíritu.

¿Qué está evitando que tomes esa decisión? No dejes que el orgullo, la duda, la incredulidad, el temor, las opiniones de otros o la fatigosa autocomplacencia eviten que desates la totalidad de la bendición de Dios. Entrégate totalmente a él.

Abre los ojos de tu corazón a su alabanza

Mientras Isaías contemplaba la emoción de un avivamiento global y las repercusiones eternas de que el templo estuviera lleno del Espíritu de Dios, vio serafines que sobrevolaban el trono, «cada uno de los cuales tenía seis alas ... Y se decían el uno al otro: "Santo, santo, santo es el SEÑOR Todopoderoso; toda la tierra está llena de su gloria"» (6:2-3).

Años más tarde, otro profeta, el apóstol Juan, reveló su propio recuento testimonial del futuro.

Sus ojos fueron abiertos para presenciar el fin de la historia humana como la conocemos, un tiempo en el que el universo entero rugirá aclamando al Único que es digno: «¡Digno es el Cordero, que ha sido sacrificado, de recibir el poder, la riqueza y la sabiduría, la fortaleza y la honra, la gloria y la alabanza!»[66] Juan testificó: «Y oí a cuanta criatura hay en el cielo, y en la tierra, y debajo de la tierra y en el mar, a todos en la creación, que cantaban: "¡Al que está sentado en el trono y al Cordero, sean la alabanza y la honra, la gloria y el poder, por los siglos de los siglos!"».[67] ¡Y el universo entero se cimbró alabando a Jesús!

Mientras Juan escuchaba en silencio, me pregunto si en el planeta tierra, en donde la mayoría de la gente estaba blasfemando el nombre de Cristo y dedicándose a todo tipo de impiedad y maldad, ¿el mundo repentinamente habrá quedado en silencio sepulcral? ¿Las minúsculas criaturas hechas de polvo que habían agitado sus pequeños puños hechos de polvo ante Dios escucharon de alguna forma lo que sucedía en el resto del universo?

Y debido a que «Dios le exaltó hasta lo sumo y le dio un nombre que es sobre todo nombre», ¿es en ese momento en el que se «dobl[a] toda rodilla en el cielo y en la tierra y debajo de la tierra, y toda lengua confies[a] que Jesucristo es el Señor, para gloria de Dios Padre»?[68]

¿Conoces a alguien que se haya vuelto totalmente en contra de Cristo... un colaborador?... ¿Un familiar?... ¿Una junta directiva escolar?... ¿Un profesor?... ¿Un empleado?... ¿Un partido político?... ¿Un sistema de gobierno?... *¿Una cultura entera?*

¡Un día el mundo entero se volverá en contra de Cristo! Pero tarde o temprano, quienes se vuelvan en contra de él terminarán con sus rostros delante de él.

Porque Dios te ofrece a ti y a mí el derecho de elegir a Jesús como Salvador, o rechazarlo.

Un día, *todos* le reconocerán, voluntaria o involuntariamente, y el universo entero resonará con alabanza irrestricta por el Único que es digno: el Señor, ¡sentado en un trono, excelso y sublime, con las orlas de su manto llenando el templo! ¡Jesús es el Señor de todo y de todos!

Cuando Isaías escuchó la alabanza irrestricta de Jesucristo haciendo eco a través del universo, notó que «al sonido de sus voces, se estremecieron los umbrales de las puertas y el templo se llenó de humo» (6:4).

Cuando la alabanza de Jesucristo sin restricciones... sin limitaciones... sin freno... y sin cortes resuena a través de los corazones, vidas y labios de su pueblo, ¡empiezan a suceder cosas!

Como en Pentecostés, cuando el Espíritu Santo descendió en plenitud sobre el pueblo de Dios, se abrieron sus bocas para alabar a Jesús y proclamar el evangelio, ¡y tres mil personas se convirtieron ese día![69]

¡Oh, que hubiera otro Pentecostés!

¿Existe algo que haya interrumpido tu alabanza a Cristo?

¿Tus sentimientos?

¿Tus temores?

¿Tus fracasos?

¿Tus dudas?

¿Tus deseos?

¿Tus deudas?

¿Tu dolor?

¿Tus problemas?

¿Tus placeres?

¿Tu matrimonio?

¿Tus recuerdos?

¿Tu desdicha?

¿Tus lágrimas?

¿Tus tentaciones?

¿Tu cansancio?

¿Tus ocupaciones?

¿Tu esterilidad?

¿Tu bancarrota?

¿Tu soledad?

¿Tu soltería?

¿Tu desamparo?

¿Tu debilidad?

¿Tu fatiga?

¿Tus preocupaciones?

Sea lo que sea que interrumpa tu alabanza, ¿lo llevarías a Jesús en oración? Quizá puedas pedirle a alguien más que ore contigo y por ti.

Luego haz una lista de cada característica de Jesús que puedas recordar y alábale por quien es él.

Llena el espacio en blanco a continuación: *Te alabo por tu*

_____.

La maravillosa verdad es que Dios se acerca a nosotros mientras le alabamos porque él habita las alabanzas de su pueblo.[70] Esta es una de las formas en las que vencemos a nuestros enemigos, internos y externos.[72] La alabanza transforma nuestra perspectiva.[73] *¡Alábale!* ¿Cómo vas a conocer las bendiciones que pueden fluir sobre tu vida mientras le alabas, si no le alabas? *¡Comienza ahora mismo!*

Isaías vio que cuando el «templo» se saturó de alabanza, también se llenó de «humo». El humo no era humo de leña sino la gloria *Shekinah* de Dios que descendió. Isaías podría haber estado familiarizado con este «humo». Aunque dudo que lo hubiera visto antes en persona, él sabía de él por el testimonio de otros.

La historia de Judá registró cuidadosamente la gloria de Dios que guió a los israelitas a través del desierto durante cuarenta años.

Durante el día la gloria de Dios tomó la forma de una columna de nube que protegió a sus hijos del sol abrasador del desierto; de noche, su gloria apareció como una columna de fuego que les daba luz en la oscuridad.

Siempre que la columna se movía, y a cualquier lugar donde se moviera, los israelitas la seguían porque representaba la presencia de Dios en medio de ellos, guiándoles a la Tierra Prometida.[74]

El humo fue claramente evidente otra vez cuando Moisés subió al Monte Sinaí para recibir la ley de Dios. Cuando regresó de allí, luego de estar en la presencia de Dios por cuarenta días y cuarenta noches, los israelitas se maravillaron y temieron acercarse a él porque su rostro físico reflejaba la radiante gloria de Dios.[75] La misma gloria áurea llenó la Tienda de Reunión y el Tabernáculo de modo que ni siquiera Moisés podía entrar.[76]

En una generación posterior a la época de Moisés, Ezequiel profetizó en un campo de refugiados siendo esclavo en Babilonia. Describió la dramática escena de la gloria de Dios siendo removida del templo en Jerusalén porque su pueblo había pecado y estaba separado de él, su alabanza se había secado a semejanza de ceniza en sus bocas.[77]

La emocionante promesa comunicada por la visión de Isaías es que cuando tú y yo, como pueblo de Dios, saturemos nuestras vidas con alabanza sincera, ininterrumpida y proveniente del corazón, entonces la misma gloria que guió a los hijos de Israel a través del desierto, la misma gloria que se reflejó en el rostro de Moisés, la misma gloria que Ezequiel vio partir del templo, ¡desciende!

Con todo y lo asombroso que pueda parecer, la alabanza de Jesucristo se ofrece veinticuatro horas al día y siete días a la semana, precediendo el derramamiento final de la gloria de Dios en la tierra.

Cuando un día el cielo se despliegue y Jesucristo regrese a reinar y gobernar con justicia y juicio, trayendo paz a la tierra, volverá con el resonante coro de las voces «de muchos ángeles que estaban alrededor del trono, de los seres vivientes y de los ancianos. El número de ellos era millares de millares y millones de millones. ... [que] cantaban con todas sus fuerzas» ¡alabanzas a Jesucristo![78]

Me pregunto... ¿cuál sería el impacto en el mundo si la iglesia (el pueblo de Dios, que lleva su nombre) comenzara a practicar una alabanza ininterrumpida a Cristo? Alabanza no solo por las canciones que cantamos o las palabras que hablamos sino por la vida que vivimos, una vida en medio de un mundo cambiante que cada vez es más hostil al nombre de Jesús.

Con seguridad, esa clase de alabanza sería contagiosa y persuadiría a otros de querer conocer a nuestro Jesús, quien es la causa de este tipo de adoración imperturbable. *Oh, Dios, abre mis ojos a la poderosa bendición de una alabanza ininterrumpida... ¡en mi propia vida y que fluya de mis propios labios!*

Abre los ojos de tu corazón a su pureza

La canción que millones de ángeles cantarán en el cielo al final de la historia humana en la tierra es la misma canción que escuchó Isaías cuando vio al Señor.[79] Fue un canto acerca de la pureza de Jesucristo: «Santo, santo, santo es el Señor Todopoderoso» (6:3).

Jesucristo es absolutamente puro...

en sus métodos, en sus motivos y en su forma de ser.

Él es absolutamente puro...

en sus obras, decisiones y directivas.

Él es absolutamente puro...

en sus acciones, actitud y propósito.

Él es absolutamente puro...

en sus palabras, su voluntad y sus caminos.

Él es absolutamente puro...

en sus pensamientos, emociones y juicios.

Él no tiene una agenda escondida... no tiene motivos ulteriores... no hay, en lo absoluto, egoísmo ni pecado. Él es santo... santo... santo... *santo.*

¡Y demanda santidad a su pueblo![80] Mientras tú y yo nos comparamos a nosotros mismos y bajamos nuestros estándares al hacerlo, al concluir *Yo soy mejor que él o ella* o *No soy tan malo como él o tan mala como ella,* nos olvidamos de que los estándares de Dios no han cambiado.

Como evidencia de los estándares puros e inmutables de la santidad de Dios, Jesús señaló a una iglesia en particular, la iglesia de Tiatira, y la reprendió duramente. Los eruditos modernos se preguntan el por qué una iglesia tan pequeña en un lugar tan apartado recibiría la atención total del Señor en el último libro de la Biblia.[81] Creo que su advertencia a Tiatira también es una advertencia solemne a quienes el día de hoy puedan pensar que sus vidas son tan insignificantes, oscuras y pequeñas, que no pueden ser alcanzados por el pecado. Pueden parecerse a la iglesia de Tiatira; se había conformado tanto al mundo a su alrededor que el observador casual hubiera tenido dificultad en distinguir la diferencia.

¿Qué estaba faltando en la iglesia que provocaría la ira del Hijo de Dios? *¡Santidad!*

Hoy día parece haber tanto pecado dentro de la iglesia moderna como lo hubo en la pequeña iglesia de Tiatira.

Cuando el carácter se sustituye con desempeño,
cuando la vida se sustituye con actividad,
cuando la oración se sustituye con programación,
cuando la obediencia se sustituye con ortodoxia,
cuando las tradiciones sustituyen a la verdad,
cuando el bautismo sustituye a la conversión,
cuando la religión sustituye a la relación personal,
cuando la política sustituye al verdadero poder,
cuando las agendas personales sustituyen a la gloria de Dios...
es solo una cuestión de tiempo antes de que el pecado se deslice dentro de los miembros de la iglesia.

¡Tú y no necesitamos ser cuidadosos! ¡Existen denominaciones enteras que legalizan el pecado! El pecado puede no ser intencional; puede ser que el pecado se ha deslizado de manera generalizada, pasando desapercibido, hasta que se tolera, se acepta y, en algunos casos, hasta se promueve.

Pero los hijos de Dios deben tener en mente que ser influenciado por lo que otros dicen o hacen a nuestro alrededor, aun dentro de la misma iglesia, no es una excusa aceptable del pecado. Dios te llamará a cuentas a ti y a mí por el pecado de nuestras propias vidas, no por el pecado de alguien más. Dios no puede ser burlado. ¡Él demanda santidad y pureza de su pueblo!

¿Estás sustituyendo inconscientemente la santidad por algo más? ¿Se tratará del pensamiento positivo? ¿O de la moralidad moderna? No existe sustituto de la santidad desde la perspectiva de Dios. Como polvo en un cuarto oscurecido, el pecado a veces pasa desapercibido hasta que encendemos la Luz, trayendo la Palabra de Dios a nuestras vidas.

Años atrás, el anfitrión de un importante programa de televisión le pidió a mi padre y a mi madre que les concediera una entrevista televisada desde su hogar. Mis padres estuvieron de acuerdo. Dos semanas antes de la entrevista, mamá hizo lo que haría cualquier ama de casa que se respete: limpió la casa frenéticamente. Con la ayuda de varios amigos, mamá pulió, enceró, lavó y sacudió hasta que la vieja cabaña a la que llamamos nuestro hogar lució mejor que nunca.

Cuando llegó el día de la entrevista, mamá saludó con confianza al anfitrión del programa y a su equipo técnico al frente de la casa, conduciéndolos luego a la sala de estar. En un tiempo muy corto, la habitación se transformó en un estudio de televisión con miles de cables cruzando el piso, enormes reflectores de televisión colocados en trípodes y cámaras colocadas estratégicamente para que se pudieran hacer tomas desde cualquier ángulo. Mientras el anfitrión designó los lugares de mis padres en el sofá, mamá estaba totalmente serena. Al mirar alrededor de la habitación, ésta parecía absolutamente impecable. Ni siquiera los cables, cámaras y equipo de televisión podían estropear la belleza pulida, encerada, limpiada y sacudida de su hogar. Luego el director dijo: «Luces, cámara, ¡acción!», y las cámaras comenzaron a rodar mientras encendían los enormes reflectores de televisión.

Absolutamente horrorizada, ¡mamá miró su «impecable» habitación! Comenzó a ver telarañas en las esquinas de las viejas vigas, hollín en la chimenea y cúmulos de polvo bajo la mesa, ¡incluso polvo en el aire! Bajo la luz ordinaria la habitación se veía perfectamente limpia, pero bajo la intensa luz de los reflectores de televisión, se reveló la suciedad.

La sala de estar de mamá es como nuestras vidas. Bajo la luz ordinaria, al establecer nuestros propios estándares, al compararnos con otros, al hacer lo que se siente bien y lo que pensamos que está bien en nuestros propios ojos, podemos ser engañados y creer que estamos bien. De hecho, incluso podemos pensar que somos mejores que otros y estamos confiados en que Dios debes estar complacido con nosotros.

Luego vamos a la iglesia o a la escuela dominical, o nos involucramos en un estudio bíblico, o quizá escuchamos un mensaje basado en la Biblia, y la luz de la Palabra de Dios comienza a brillar en nuestras vidas. Bajo la intensidad de su luz, vemos cosas que no habíamos visto antes: las telarañas del egoísmo, el hollín del pecado secreto, el polvo de la desobediencia. Aunque la revelación puede resultar horrorosa, también puede ser benéfica porque ilumina la «suciedad» que debe confrontarse, confesarse, limpiarse y corregirse si es que vamos a ser santos como él es santo.

¿Nuestro estudio de la Palabra de Dios encendió la Luz en tu vida? ¿Te ha hecho sentir mal la visión del poder glorioso, la posición, la persona, la presencia, la alabanza y la pureza de Jesucristo? ¿Sucio? ¿Culpable? ¿*Pecador*? Entonces, ¡*anímate!* Los ojos de tu corazón se están abriendo más.

Quizás, de una forma similar, la «Luz» brilló en la vida de Isaías al abrir sus ojos y ver a Jesús como realmente es. Y luego, en la cegadora pureza y abrasadora santidad de Cristo, sus ojos se abrieron a sí mismo...

CUATRO

¡Desgarra tu corazón!

Isaías 6:5

Él es tan grande… y nosotros somos nada.

La historia de Carole

En ocasiones nos enfrentamos con la multitud de pecados en nuestra vida. Pero esa noche en particular, mientras escuchaba a Anne, el Señor me mostró un pecado predominante que se había convertido en una barrera en mi sendero espiritual. Mirando retrospectivamente, fue el principal obstáculo que me había impedido ver a Dios, al igual que me impidió ver cuánto más tenía él para mi vida y cuánto más él esperaba de mi servicio. Cuando llegué a casa esa noche, luego de escuchar el mensaje, ese solo pecado me miró de frente. Ni siquiera recuerdo haberlo escrito en el margen de mi Biblia durante el servicio, pero ahí estaba, escrito totalmente en mayúsculas: ORGULLO.

En las horas sin sueño que le siguieron a esto, me di cuenta de que a pesar de contar con Jesús en mi vida, tenía más de MÍ en ella que de él. Con esa revelación, pude ver mi carrera y mi éxito en la vida como algo más que simplemente la bendición del Señor. Esa noche, a la luz de la gloria de Dios, vi mi enorme esfuerzo por ascender en la escalera corporativa tal y como era: algo no para dar gloria a Dios sino una pasión que perseguí para ganar la recompensa del mundo.

Ver mis motivos tal y como eran fue algo que me causó náuseas esa noche. Lo que había sido gratificante y satisfactorio apenas unos días antes —los ascensos, la posición, el reconocimiento— repentinamente me pareció de muy poco valor...

Un codazo, luego un susurro: «Mira... él está aquí»

Hace años estaba en Londres con mi padre. Acabábamos de dejar el hotel juntos, acompañados de uno de sus asistentes, cuando pasamos al lado de un hombre muy bien parecido y de aspecto familiar que estaba cruzando la puerta. De inmediato reconocí que era Hugh O'Brien, un actor que protagonizó la serie de televisión *Wyatt Earp* durante muchos años. Mi padre estrechó su mano, saludándolo con un «Hugh, qué bueno verte de nuevo».

El señor O'Brien también reconoció a papá y se detuvo brevemente para conversar. Papá nos presentó y luego presentó a su asistente. Su asistente solo había escuchado el nombre «Hugh», y con un rostro adornado de sonrisas, respondió: «¡Es un placer conocerle, señor Hefner!».

Hice todo lo pude para mantener una expresión seria hasta que el señor O'Brien desapareció en los oscuros huecos de la recepción del hotel. Luego, papá y yo estallamos en carcajadas y le explicamos a su asistente, para su disgusto, que él acababa de conocer a Hugh O'Brien, no a Hugh Hefner, ¡quien es el fundador del imperio *Playboy*! La única forma en la que el asistente de papá supo que acababa de conocer a Hugh O'Brien fue porque se lo dijimos. Aunque él había visto a Hugh O'Brien, él no lo reconoció por quien él realmente era.

Al viajer, ha habido muchas ocasiones en la que he pasado por alto a alguna persona notable que se encontraba cerca. Paul McCartney, Dick Morris, Richard Thomas, Prince, David Gergen, Richard Dean Anderson (que protagonizó la serie de televisión *MacGyver*), Cokie Roberts, Charlie Gibson, y muchos otros hubieran pasado a mi lado sin ser notados excepto por mi compañera de viaje, quien me daría un codazo y luego susurraría a mi oído: «Anne, no mires ahora, pero ahí está fulano de tal. Justo en esa dirección». Y cuando miré «justo en esa dirección», vi a una persona ordinaria. Sin glamour ni atractivo, sin luces de neón o vestido a la moda, sencillamente es otro viajero luchando con sus maletas o tratando de acomodarse en un asiento muy pequeño y al mismo tiempo trata de mostrar algo de gracia bajo la dura y escrutadora mirada de mirones curiosos. De alguna manera, ver a una celebridad famosa en un ambiente ordinario es sencillamente, bueno, algo no muy emocionante.

Me pregunto si... ¿será posible ver a Jesús sin darse cuenta? Con lo absurdamente poco plausible que pueda parecer, sí, sí es posible. Al igual que María Magdalena en el jardín de la tumba la mañana de Pascua, tú y yo podemos verlo y sin embargo no reconocerle.[1] En ocasiones necesitamos ayuda. Necesitamos de alguien que no dé un codazo y nos susurre: «Mira. Él está aquí. Justo en esa dirección».

Luego, cuando lo vemos por quien él es, no es lo que estamos esperando...

Desgarrado por el desamparo

Una razón por la que no he sabido que estoy viendo a Jesús fue porque la experiencia no fue lo que pensé que sería. Pensé que ver a Jesús me llevaría a algún tipo de órbita espiritual. Pensé que resultaría en una experiencia gloriosa, estimulante y fuera de este mundo. Sin embargo, a los pocos segundos la emoción de un encuentro fresco puede ir de las alturas del gozo hasta las profundidades de la depresión. Y la depresión entonces parece cuestionar la validez del encuentro. ¿Cómo puede un encuentro con Jesús hacerme sentir desdichada y desamparada?

El testimonio de Isaías fue el que me dio el codazo, como si dijera: Anne, mira. *Él está aquí. Justo en esa dirección.* Isaías me hizo consciente de que he visto a Jesús muchas más veces de las que me he dado cuenta. Y el sello de un encuentro con Jesús no es necesariamente el éxtasis.

Desde un año *anterior* a la fecha en la que Isaías vio al Señor, él predicó apasionadamente un mensaje al pueblo que vivía en un mundo cambiante, exhortándoles a arrepentirse de los siguientes seis pecados en particular:

«¡Ay de aquellos que acaparan casa tras casa y se apropian de campo tras campo hasta que no dejan lugar para nadie más, y terminan viviendo solos en el país!» (Isaías 5:8).

«¡Ay de los que madrugan para ir tras bebidas embriagantes, que quedan hasta muy tarde embriagándose con vino!» (5:11).

«¡Ay de los que arrastran iniquidad con cuerdas de mentira, y el pecado con sogas de carreta!» (5:18).

«¡Ay de los que llaman a lo malo bueno y a lo bueno malo, que tienen las tinieblas por luz y la luz por tinieblas, que tienen lo amargo por dulce y lo dulce por amargo!» (5:20).

«¡Ay de los que se consideran sabios, de los que se creen inteligentes!» (5:21).

«¡Ay de los valientes para beber vino, de los valentones que mezclan bebidas embriagantes, de los que por soborno absuelven al culpable, y le niegan sus derechos al indefenso!» (5:22 – 23).

Ay de ti. Ay de ti. ¡*AY DE TI!* Isaías predicó con todo su corazón, señalando el pecado que vio en la sociedad que conformaba su cultura en declive. ¡Y predicó la verdad de Dios!

La crítica irrestricta de Isaías a Judá en sus días parece hacer eco a través de los siglos, reverberando con relevancia hasta nuestra generación...

«¡Ay de aquellos que acaparan casa tras casa y se apropian de campo tras campo hasta que no dejan lugar para nadie más, y terminan viviendo solos en el país!». Ay de ustedes que roban las pensiones de la gente para engordar las propias... que construyen sus negocios destruyendo los de otros... que con ambición incrementan sus ganancias a costa de lo que sea. *Ay de ustedes.*

«¡Ay de los que madrugan para ir tras bebidas embriagantes, que quedan hasta muy tarde embriagándose con vino!». Ay de aquellos que son adictos al alcohol, a las drogas y que dependen de sus-

tancias químicas. Ay de ustedes.

«¡Ay de los que arrastran iniquidad con cuerdas de mentira, y el pecado con sogas de carreta!». Ay del religioso hipócrita que cita la Biblia y la porta, pretendiendo ser más espiritual de lo que realmente es, albergando pecados secretos en su corazón o en su vida privada. Ay de ti .

«¡Ay de los que llaman a lo malo bueno y a lo bueno malo, que tienen las tinieblas por luz y la luz por tinieblas, que tienen lo amargo por dulce y lo dulce por amargo!». Ay de aquellos que cambian la verdad de Dios por la mentira... que intercambian las etiquetas para hacer que el pecado parezca menos ofensivo... que le llaman...

a la mentira, una exageración,

a la incredulidad, preocupación,

al asesinato, el derecho a elegir,

a lo abominable, gay*,

a la fornicación, sexo seguro.

Ay de ustedes.

«¡Ay de los que se consideran sabios, de los que se creen inteligentes!». Ay del orgulloso y el arrogante y el que se promueve a sí mismo. Ay de ti.

«¡Ay de los valientes para beber vino, de los valentones que mezclan bebidas embriagantes, de los que por soborno absuelven al culpable, y le niegan sus derechos al indefenso!». Ay de aquellos que viven para los placeres y las fiestas... que no tienen integridad... cuyas vidas falsamente presentan un carácter que no tiene valor. Ay de ustedes.

A menudo, cuando veo las noticias de la noche o leo el periódico por la mañana, también tengo un abrumador deseo de señalar con mi dedo y gritar: «¡Ay de ti, ay de ti, ay de ti!».

¡Mi vista está totalmente puesta en su pecado!

Antes de ver al Señor, Isaías también tenía su vista total-

---

* «Alegre», según su significado original. Sin embargo, ha pasado a ser sinónimo de «homosexual», n. del t.

mente puesta en su pecado. Pero cuando vio al Señor, sus ojos fueron abiertos, no solo a una visión fresca de quien realmente es Jesús, sino a una visión fresca de sí mismo. Entonces Isaías gimió: «¡Ay de mí!» (6:5). No era producto del éxtasis. No fue llevado a alturas gloriosas. No fue levantado a una plataforma espiritual excelsa. En las palabras del profeta Joel, del Antiguo Testamento, Isaías fue desafiado a «desgarrar [su] corazón y no [sus] vestidos»[2] al desplomarse a un estado de impotencia y depresión espiritual.

Desgarrado por la falta de esperanza

Cuando Isaías vio al Señor, se sintió impuro. Pecaminoso. Miserable. Culpable. Indigno. Avergonzado. El encuentro de Isaías fue muy parecido al de la experiencia del apóstol Pedro...

Cuando Pedro vio a Jesús, no supo quién era Jesús realmente, aunque había conocido a Jesús antes cuando su hermano Andrés se lo presentó. Pero un día Jesús subió a la barca de pesca de Pedro, le predicó a la multitud en la orilla, y luego le dijo a Pedro que lo llevara a pescar. Pedro se resistió pues habían estado pescando toda la noche y no habían atrapado nada. «Pero, como tú me lo mandas, echaré las redes», dijo luego.[3]

Cuando Pedro obedeció a Jesús, recogió tantos peces en sus redes que éstas comenzaron a romperse. Rápidamente llamó refuerzos, y el bote que llegó a su lado para ayudarle a arrastrar la pesca rápidamente se llenó hasta que sus redes también se rompían. Luego, ambos botes comenzaron a hundirse.

Repentinamente Pedro supo que estaba ante la presencia de Alguien que era más que un hombre. Vino la Luz a la vida de Pedro y sus ojos fueron abiertos. Sin embargo, en vez de hacerlo sentir bien, se postró a los pies de Jesús, clamando: «¡Apártate de mí, Señor; soy un pecador!».[4]

Isaías, inundado por la luz de la santidad y pureza que emana del Señor, no tenía dónde esconderse ni a nadie a quien culpar. Isaías sabía que no era una víctima; él era un pecador.

Piensa en tu vida retrospectivamente. ¿Cuándo has sentido el peso agudo y la carga inconmovible de tu pecado? ¿Cuándo te has sentido espiritualmente tan pobre, ciego, desnudo y profundamente desamparado que incluso perdiste la esperanza de vivir? ¿Podría ser, estimado lector y estimada lectora, que ese fue tu encuentro con el intachable y santo Hijo de Dios? *¿Podría ser que mientras más cerca estás de él, sientes que te encuentras más cerca del infierno*[5] porque tu pecado se convierte en algo totalmente evidente ante la abrasadora luz de su santidad? ¿Será que Dios te está llamando a «desgarrar tu corazón y no tus vestidos»?[6]

¿Cuándo fue que esa verdad traspasó tu corazón? En el momento de esa angustiosa claridad, ¿cerraste con fuerza los ojos de tu corazón, hiciste oídos sordos y huiste en tu espíritu? ¿Quién fue el «amigo» que usó Dios para darte un codazo advirtiéndote de su presencia, de su luz de santidad, como si dijera: «¡Mira! ¡Él está aquí! ¡Justo en esa dirección!»? ¿Fue tu pastor al predicar el sermón del domingo por la mañana? ¿Y luego saliste corriendo del santuario tan rápido como pudiste? ¿O fue acaso un maestro que enseñó un mensaje que escuchaste en tu estudio bíblico semanal? ¿Y luego te diste de baja de la clase? ¿Fue acaso tu hermana quien te advirtió con lágrimas en sus ojos? ¿Y luego abruptamente te retiraste de su casa? ¿Quién ha sido tu «amigo» y cómo has respondido a su codazo?

¿Colgaste furiosamente el teléfono?

¿Te quitaste el audífono?

¿Azotaste el control remoto?

¿Apagaste la radio?

¿Terminaste con la relación?

¿Hiciste lo que sea para alejarte del bisturí de la convicción?

¿Te has ocultado detrás de los argumentos de autodefensa y racionalización, cubriendo tu tambaleante espíritu con excusas para tu pecado mientras echas la culpa sobre alguien más por él? ¿A quién has culpado por el pecado de tu vida?... ¿A tus padres?... ¿A tu cónyuge?... ¿A tu ambiente?... ¿A tu falta de educación?... ¿A tus aprietos financieros?... ¿A tu socio?... ¿A tu dolor físico?... ¿A tu casero?

Otras personas y otras circunstancias pueden provocarte a pecar y motivarte a pecar, *pero tú eres quien toma la decisión de pecar*. ¿Cuándo has aceptado la responsabilidad por el pecado de tu propia vida? Deja de culpar a otros, y clama ahora, como lo hizo Isaías: «Ay de mí. Soy un pecador».

Isaías no solo aceptó la responsabilidad de su pecado, sino que reconoció que había sido arruinado por él. Es de reconocerle que no cerró sus ojos ni hizo oídos sordos ni se quejó acerca de lo que hizo o dejó de hacer alguien más; no salió huyendo de la luz cegadora. Isaías, con una honestidad brutal y sin cortapisa, sollozó: «¡Ay de mí, que estoy perdido!» (6:5). Esta no fue una muestra de espiritualidad superficial, hueca o hipócrita.

Fue el clamor de un hombre cuyo corazón fue partido en dos.

Tal concepto de profunda ruina espiritual es casi ajeno a nuestra mente moderna. Mucha de nuestra atención parece estar en edificar la autoestima y el pensamiento positivo. Nos parece repulsivo hasta el pensamiento de estar totalmente desamparados en nuestra condición pecaminosa aunque en realidad estamos arruinados por ella y, por tanto, espiritualmente desamparados, sin la más mínima posibilidad de complacer jamás a Dios. De jamás estar a cuentas con él. De no ser aceptados jamás en su presencia. De no ser bienvenidos en su morada celestial.

Recientemente recordé mi estado de ruina y pecado de una forma muy dolorosa. Cada año, al acercarse el mes de diciembre, le pregunto a Jesús qué es lo que querría para su cumpleaños. Normalmente toma días y hasta semanas que llegue la respuesta en la forma de una oportunidad que aprovechar, una idea que poner en acción o un servicio que prestar. Cierto año sentí que me pidió que escribiera mi primer libro, *La visión de Su Gloria*. En otro año se trató de contarle la historia de la Navidad al grupo de mi hijo en la escuela pública.

Sea lo que sea cada año, siempre es algo que tiene una naturaleza que implica sacrificio, algo que no haría excepto que él me imprima en el corazón que es el regalo que quiere.

El año pasado, oré alrededor del primero de noviembre, preguntándole qué regalo querría que le diera para su cumpleaños.

Para principios de diciembre, él no me había respondido todavía y me invitaron a un adorable almuerzo de Navidad en casa de una querida amiga.

Al conducir mi auto hacia allá, sonó mi teléfono celular. Se trataba de mi publicista, quien me dijo que me habían invitado de un programa de televisión nacional para formar parte de un panel de discusión. En vivo. Esa noche. Cuando pregunté quién más formaría parte de ese panel, ella me respondió que no sabía pero que averiguaría y me llamaría después para avisarme.

Asistí al almuerzo y, luego de que terminó, escuché un mensaje en el correo de voz de mi teléfono celular. Le devolví la llamada y me informó que no tenía que estar preocupada; había rechazado la oportunidad de mi participación porque el panel estaba formado por un grupo muy difícil.

Sentí cierta sensación de alivio, conduje hasta mi casa, e inmediatamente me sumergí en otras responsabilidades.

Esa noche, mientras se acercaba la hora del programa al que decliné participar, tenía una sensación abrumadora y agobiante de que estar en ese programa era el regalo de Navidad que Jesús quería que le diera.

Cuando miré el panel de discusión y vi a la mujer que habían puesto «en mi lugar», lo confirmé.

Ninguna medida de confesión, disculpa o llanto hubiera borrado o aligerado el filo de la convicción e inclusive de desprecio por mí misma que experimenté durante toda la temporada navideña. Yo sabía que, al correr hacia ese almuerzo de Navidad y luego al correr de regreso, yo nunca me detuve a orar... Nunca le pregunté a Jesús si esta oportunidad en la televisión era una puerta que él abrió para el servicio... Jamás le pregunté si participar en ese difícil panel era el regalo que quería para su cumpleaños. Y conocí de una manera muy fresca la realidad de mi naturaleza perdida y pecaminosa, la cual siempre está tan cerca de la superficie en mi vida; es una naturaleza que tiene que ser crucificada deliberada, consistente y constantemente y llevada en obediencia a su autoridad; una naturaleza pecaminosa que solo es conquistada al vivir rendida momento a momento al control constante del Espíritu Santo. Esa naturaleza es todavía una fuerza tan poderosa en mi vida que, en el momento en el que bajé la guardia, se había llevado lo mejor de mí.

Al reflexionar retrospectivamente en lo que sentí como una debacle personal de Navidad —apurándome a decorar, comprar, envolver y celebrar, bajo la pretensión de mantener mi vista en el verdadero significado de las fiestas al mismo tiempo que hacía oídos sordos a lo que él realmente quería de mí— se me ocurrió que lo que él realmente quería recibir de mí para celebrar su cumpleaños era mi *humildad*. Así que, de rodillas y con un corazón que estaba desgarrado y contrito, clamé desde una *experiencia fresca*, «¡Ay de mí! ... ¡Estoy perdida!». Y se lo entregué a él.

Desgarrado por la humillación

El apóstol Pablo tuvo una experiencia similar y abrumadora cuando exclamó: «Yo sé que en mí, es decir, en mi naturaleza pecaminosa, nada bueno habita».[7] *¡¿Nada bueno?!* ¡En el hombre que escribió casi la mitad del Nuevo Testamento? A la Luz de la santidad de Cristo, la autoestima de Pablo —y la de Isaías; y la nuestra— se pulveriza. Cuando una persona realmente «ve» al Señor, no hay respuesta...

     moviendo los brazos,
         batiendo las manos,
             balanceándose rítmicamente,
               o danzando.

En vez de ello, hay una sensación abrumadora de asombro que está permeada de un temor reverente. *¡Y caemos!*

En nuestras mentes... y corazones... y voluntades... en nuestro intelecto... y emociones... y decisiones, «caemos» humillados a sus pies.[8]

Isaías da testimonio del hecho de que no solamente él estaba perdido respecto a que él era un pecador indefenso ante un Dios santo, sino que estaba perdido en su servicio. Con impactante claridad, pudo mirarse a sí mismo como nunca antes: «un hombre de labios impuros». Isaías era un profeta. Sus labios, ya que predicaba la Palabra de Dios, eran los instrumentos de su servicio. Me pregunto si él creía en lo secreto que el pecado en su vida no era tan grande como el pecado en las vidas de otros. ¿Habrá señalado en condena los evidentes pecados en las vidas de otros mientras pasaba por alto los pecados más sutiles en su propia vida?

Recientemente fui testigo de un asombroso espectáculo dentro de una iglesia. La junta de ancianos condenó y buscó remover al joven pastor de la iglesia por no devolver llamadas, por no sonreír al saludar a los miembros de la iglesia y por faltar a una cita en un almuerzo. Al señalar al pastor, ignoraron completamente sus propios chismes, sus espíritus críticos, su murmuración y sus quejas. Hicieron trizas la unidad dentro de la congregación, lastimaron relaciones personales que habían durado toda la vida y desviaron la energía de la iglesia de su misión de predicar el evangelio y hacer discípulos. Inundaron

los salones traseros y la sala de juntas de la iglesia con manio-
bras políticas, de disputa y de control de poderes —rasgando
sus vestiduras mientras sus labios solo proferían temas sobre la
piedad, ¡al mismo tiempo que decían que el joven pastor no
tenía un corazón amoroso y atento! ¿Pero dónde estaban los
corazones partidos, quebrantados y contritos que son el sello
de los líderes que realmente caminan con Dios?[9]

Jesús inquirió cuidadosamente de quienes escucharon su
sermón en el monte: «¿Por qué te fijas en la astilla que tiene tu
hermano en el ojo, y no le das importancia a la viga que está
en el tuyo? ... ¡Hipócrita!, saca primero la viga de tu propio ojo,
y entonces verás con claridad para sacar la astilla del ojo de tu
hermano».[10]

¿Cómo es posible que, al igual que Isaías, podamos ser tan
sensibles, nos podamos ofender y estemos tan preocupados
por el pecado de otros al rasgar nuestras vestiduras, mientras
al mismo tiempo estamos ciegamente ajenos al pecado en
nuestras propias vidas y seguimos con nuestros corazones ile-
sos? Me pregunto si esta es una de las razones por las que el
mundo parece ver a la iglesia como un refugio para los hipó-
critas, porque mientras los incrédulos pueden estar de alguna
manera conscientes de su pecado en sus propias vidas, y por
los cuales los condenamos, también ven el pecado en nosotros,
el cual ignoramos.

Avergonzados

Con un rostro totalmente inyectado e hirviendo de vergüenza, y asustado, Isaías estalló en una confesión al darse
cuenta de que era «un hombre de labios impuros [viviendo] en
medio de un pueblo de labios blasfemos, ¡y no obstante [sus]
ojos [vieron] al Rey, al Señor Todopoderoso!» (6:5). En otras
palabras, «no soy mejor que el pueblo al que señalo con mi
dedo. También soy pecador. A la luz de la persona que él es

—a la luz de la su santidad, justicia y pureza— estoy desamparado. No tengo esperanza. Estoy perdido y mi servicio está arruinado. *¿Cómo puedo llegar a ser usado por Dios cuando no soy mejor que el pueblo al que estoy predicando?*».

Eso no solo fue una confesión: ¡fue una confesión humillante!

Los pecados de Isaías no eran totalmente obvios, por lo menos no para mí al leer detenidamente los primeros cinco capítulos de su libro. Si sus estándares los había establecido...

por el estilo de vida y el lenguaje de los demás,

por la actitud y las acciones de los demás,

por las prioridades y placeres de los demás,

entonces, al compararse, bien podía sentirse confiado en sí mismo y en su servicio. Pero cuando midió su vida con los estándares de la santidad perfecta, ¡la revelación del pecado fue devastadora!

Una y otra vez, al levantarme para proclamar públicamente la Palabra de Dios, en mi espíritu estoy con mi rostro delante de Dios con un temor terrible, intensamente consciente de que soy una pecadora y no soy mejor que quienes me miran con rostros atentos. Sin embargo, cuando inicié el ministerio, me hacía falta una consciencia sensibilizada por el Espíritu acerca de mi propio estado pecaminoso.

Culpables

Recuerdo haber sido espiritualmente tan superficial que cuando algún conferenciante desafiaba a su audiencia, en la que yo estaba incluida, a pasar unos cuantos minutos confesando su pecado, ¡yo no podía pensar en siquiera un pecado en mi vida para confesarlo! Pero un día me topé con Santiago 2:10, el cual hace esta acusación: «Porque el que cumple con toda la ley pero falla en un solo punto ya es culpable de haberla quebrantado toda».

¿Toda? ¿*Toda*? Pensé en todos los momentos de todos los días de todas las semanas de todos los meses de todos los años de mi vida cuando quebranté el más grande de los mandamientos, que me ordena amar al Señor mi Dios con todo mi corazón, alma, mente y fuerzas.[11] Ya que fácilmente era culpable de este pecado, también era culpable de todos los pecados. ¿Por qué? Porque un solo pecado revela que yo estaba contagiada de lo que podríamos denominar la «enfermedad» del pecado.

La realidad de esta enfermedad del pecado me fue ilustrada una noche cuando todavía era muy pequeña mi tercer hija, Rachel-Ruth. Se me aproximó corriendo, luchando con su camisa y quejándose de que algo la había picado. Levanté su camisa, y ciertamente había una pequeña «picadura» de color rojo. Así que busqué en toda su camisa, no encontré nada, y le dije que fuese lo que fuese, ya se había ido y que podía regresar a jugar. Unos minutos más tarde, regresó corriendo a donde yo estaba, exclamando dramáticamente que la habían picado otra vez.

Cuando levanté la camisa, vi dos «picaduras» rojas. Así que le quité la camisa, la revisé cuidadosamente para buscar mosquitos, arañas e incluso pulgas, y luego le puse una camisa limpia, asegurándole que ella estaba bien. Unos minutos más tarde volvió a regresar corriendo hasta donde yo estaba, lanzándose a mis brazos, y contándome con lágrimas en los ojos que la habían picado en todo el cuerpo. Cuando la examiné, vi que estaba cubierta con «picaduras» rojas. Aunque no se trataba en realidad de ningún tipo de picaduras, ¡Rachel-Ruth había contraído varicela!

Al igual que la primera manchita indicó que mi hija contrajo la enfermedad de la varicela a pesar de que no se había extendido a todo su cuerpo, un pecado en tu vida o en la mía indica que estamos contagiados con la enfermedad, aunque no haya llegado al punto en el que sea algo evidente para los demás, o inclusive para nosotros mismos. En mi vida, un solo momento de no amar a Dios con todo mi corazón es suficiente para obtener el veredicto de que soy pecadora.[12]

Odio el pecado, y no quiero pecar, pero en mi naturaleza está cometerlo. Y aunque tengo la victoria sobre el pecado cuando vivo en mi nueva naturaleza por el poder de su Espíritu, el pecado que todavía cometo me hace sentirme harta de mí misma.[13]

En ocasiones el pecado no es tan obvio y, por esa razón, de vez en vez, necesito una señal de alerta para el avivamiento personal, una visión y experiencia fresca de Cristo para poder abrir mis ojos a su santidad, a mi incapacidad y a la eterna esperanza de la Cruz. Necesito volver a la Cruz y ponerme a cuentas con él; no para obtener perdón, porque he sido perdonada para siempre, sino para tener dulce comunión con él y para recibir poder para ejercerlo en su servicio.

¿Quieres examinarte con cuidado y buscar las «manchas» del pecado? Sugiero que repases la siguiente lista detalladamente y luego lo hagas otra vez, repitiendo el proceso varias veces hasta que sean revelados tus pecados uno por uno:

Ingratitud: ¿Qué bendición o respuesta a la oración no has agradecido a Dios por descuido?

Descuido al leer la Biblia: ¿Cuántos días han pasado sin que abras tu Biblia? ¿Cuántos días la has leído y, sin embargo, no recuerdas lo que leíste?

Incredulidad: ¿Qué promesa te ha dado Dios que dudas que cumpla? ¿Tienes dudas de que él quiere perdonar todos y cada uno de tus pecados?

Falta de oración: ¿Qué tan a menudo tus oraciones son simple «parloteo» espiritual, ofrecidas sin una fe ferviente o concentrada? Recuerda que soñar despierto o fantasear no es orar.

Falta de interés en los perdidos: ¿A quién conoces que jamás ha recibido a Cristo como Salvador? ¿Cuándo le comunicaste el evangelio a esa persona? ¿Nunca?

Ignorar a los perdidos: ¿No asististe a la reunión cuando invitaron a un misionero porque pensaste que sería aburrido? ¿Puedes mencionar a un solo misionero que esté en tu lista de oración?

Hipocresía: ¿Pretendes ser más espiritual de lo que realmente eres? ¿Pretendes ser algo que realmente no eres?

Orgullo: ¿Te sientes impresionado con tu propia reputación y tus propios logros? ¿Te sientes ofendido y resentido cuando alguien más recibe atención? Al sentarte en la reunión de la iglesia, en vez de preparar tu corazón para adorar a Dios, ¿te preguntas si la gente nota tu presencia?

Descuido de la familia: ¿Qué es lo que realmente has sacrificado por su bienestar espiritual, físico y emocional? ¿Nada? ¿Muy poco?

Descuido de la familia de Dios: ¿Quién ha caído en el pecado o en desgracia en tu iglesia? ¿Hay alguien en tu iglesia que perdió el trabajo o que tiene una necesidad física o práctica y tú has dicho con labia, «Estoy orando por ti», pero no has hecho nada para ayudarle? Y luego se te olvida muy rápidamente, ¡¿y no oras?!

Envidia: ¿Quién parece ser más talentoso, fructífero y reconocible que tú? ¿Te has sentido celoso?

Espíritu crítico: ¿Cuándo has hallado faltas en alguien más porque él o ella no se compara a tus estándares?

Difamación: ¿Cuándo has contado la verdad acerca de alguien con la intención de provocar que otros lo tengan en menor estima?

Mentira: ¿Cuándo has afirmado algo o has intentado inferir algo contrario a la pura verdad?

Engaño: ¿Cuándo has dejado de hacer algo por otros que querrías que ellos hicieran por ti?

Robar a Dios: ¿Cuándo has ejercido tus dones o gastado tu tiempo, dinero o energía en cosas que tienen un fin egoísta, sin preguntar antes a Dios?

La lista puede seguir: *ira ... celos ... chismes ... preocupación ... duda ... inmoralidad* de cualquier tipo, ya sea visual, mental, virtual o real...[14]

Se trata de una acusación asombrosa, ¿verdad? Repasa la lista unas dos o tres veces. Escribe los pecados en tus propias palabras, según hayan sido cometidos en tu propia vida. Luego añade a estos pecados el hecho de que saber lo bueno que debes hacer pero no hacerlo, también es pecado.[15] ¿Cuántas veces no he sabido que debo levantarme temprano en la mañana, salir de mi cama y arrodillarme para comenzar mi día en oración y, sin embargo, me he dado la vuelta en la cama para seguir durmiendo?

Para mí eso es pecado.

Al meditar en lo que es el pecado, y al pedir a Dios que permita verme a mí misma a la luz de quien él es, las manchas del pecado en mi vida se convierten en una pesadilla de culpa que desgarra mi corazón y me deja totalmente humillada, desamparada y desesperada. *¡Y estoy en el ministerio!* ¡La idea es horrorosa! ¿Cómo puedo instruir a otros cuando yo soy responsable de pecar y estoy arruinada por el pecado? La confusión en mi corazón y mente que ocasiona el fracaso repetido arranca de mis labios un eco de la declaración arrebatada de Isaías: «¡Ay de mí!».

El dolor es insoportable. La pena consume. Cuando mi corazón se desgarra y reconozco que lo que hice lastimó a Aquel que se dio a sí mismo por mí, sería más fácil disolverse en la autoconmiseración y hundirse en la ruina desesperada. Sin embargo, ¡gloria a Dios! ¡Gloria a Dios! Lo mismo que Dios usó para salvar a Isaías lo usó para salvarme a mí... y lo puede usar para salvarte a ti de la desdicha y ruina emocional, espiritual y eterna.

Pero el camino cuesta arriba, la salida del fangoso foso de la depresión y desesperación, es hacia abajo... sobre nuestras rodillas.

CINCO

¡Dobla tus rodillas!

ISAÍAS 6:6 – 7

El camino cuesta arriba… es hacia abajo.

La historia de Carole

Me gustaría decir que en una noche de insomnio confesé el orgullo en mi vida, me desperté la mañana siguiente totalmente reanimada, e inmediatamente comencé a servir al Señor. Es verdad que en una noche vi la gloria del Señor como nunca antes. Y en esa noche, fui convencida del pecado principal en mi vida. Pero tomó semanas de oración y de confesión continua, con el Espíritu Santo haciendo brillar la luz en todas las hendeduras orgullosas de mi vida, antes de experimentar un avivamiento total.

La mejor forma de describir esos meses en oración es haciéndolos equivalentes a la noche en la que el nivel bajo de mi casa se inundó con agua del drenaje. Las lluvias torrenciales habían arrollado mi ciudad. Cuando vino la inundación, cerré rápidamente los desagües para evitar que se filtrara más agua. Pero luego tuve pasar toda la noche sacando el agua del drenaje que había fluido hasta las habitaciones de abajo. Hora tras hora, cargué un cubo tras otro lleno del turbio cieno por las escaleras a través de mi cochera para vaciarlas en el césped cuya pendiente se aleja de la casa. Sentí que estaba tratando de vaciar un océano con un cubo a la vez.

Temprano en la mañana siguiente, luego de que había sacado toda el agua y de que la lluvia había cesado, recuerdo haber tomado uno de los últimos cubos llenos. Cuando se abrió la puerta de la cochera, vi al sol que comenzaba a levantarse en el cielo despejado de la mañana.

Fue el mismo sol que vi antes del amanecer del día anterior, cuando me dije: Oh, lindo amanecer. Pero esta mañana, fue como si jamás hubiera visto antes un amanecer. El ruido en la cloaca había cesado. ¡Era un nuevo y brillante día!

De manera similar, durante meses, el Espíritu Santo y yo sacamos lo que parecía un cubo tras otro de pensamientos, motivos y acciones llenos de orgullo de las profundidades de mi vida cotidiana. En ocasiones, el cubo se llenaba durante mi tiempo devocional matutino cuando oraba, «Señor, muéstrame en dónde está el orgullo», y él me guiaba a un pasaje de la Escritura que me indicaba deshacerme de algo en mi vida. En ocasiones el cubo se llenaba en el trabajo cuando me daba cuenta de que buscaba un proyecto porque quería ser vista como alguien capaz de lograr algo. Ese orgullo tuvo que ser extirpado de raíz. En una ocasión me encontraba corriendo para entrenarme cuando me di cuenta de que una de mis motivaciones para correr maratones era el gusto de decir que era capaz de correr cuarenta y dos kilómetros. Más orgullo.

Un cubo a la vez, fue algo más fácil reconocerlo y extraerlo de mi vida. No me di cuenta de cuánto había sido limpiada mi vida hasta unas semanas después, cuando me senté, nuevamente, como parte de la audiencia de un avivamiento Just Give Me Jesus [Solo denme a Jesús]. Al final del mensaje, Anne nos desafió a todos y cada uno en la audiencia a rendir todo aquello que estuviera evitando darle una adoración y servicio totales al Señor. En ese momento, debido a todo el orgullo que recientemente había sido drenado de mi vida, de repente me levanté, casi saltando, para estar de pie, ondeando mi bandera en señal de rendición. Fue como si solo estuviéramos el Señor y yo, y con una voz que escuchamos él y yo, mi corazón pronunció estas palabras: «Yo sé qué es, Señor. En este día, yo rindo a tus pies... mi profesión». Fue en ese momento, de pie delante del Señor, libre del pecado que antes me tenía atrapada, que supe lo que era estar, al fin, completamente reanimada...

Sentirse mal nunca fue algo tan agradable

Precisamente cuando Isaías entraba a la espiral de la falta de esperanza, oscura, desalentadora y profunda... justo cuando con seguridad pensó que se desplomaba hasta lo más profundo del abandono que alguien podía llegar, las cosas empeoraron: «En ese momento voló hacia mí uno de los serafines. Traía en la mano una brasa que, con unas tenazas, había tomado del altar. Con ella me tocó los labios» (Isaías 6:6 - 7).

Al tocar el carbón encendido los labios de Isaías, el dolor abrasador debió resultar agónico. Sin embargo, con las agónicas quemaduras debió llegar también el gozo del pecado perdonado y la culpa expiada pues, aunque sus labios estaban quemados, las palabras del ángel debieron sentirse como un bálsamo calmante para su alma torturada:

«Mira, esto ha tocado tus labios; tu maldad ha sido borrada, y tu pecado, perdonado» (6:7).

Primero culpable... limpio después

Desde ese momento en adelante, la vida de Isaías nunca fue la misma. Sospecho que, luego de que sus labios fueron purificados por el fuego santo, ¡él nunca volvió a

hablar de la misma forma...

pensar de la misma forma...

sentir de la misma forma...

mirar de la misma forma...

actuar de la misma forma...

caminar de la misma forma...

escuchar de la misma forma...

o vivir de la misma forma!

¡Gloria a Dios! ¡Hay esperanza para los pecadores perdidos como Isaías!

¡Y para mí! ¡Y para ti!

La esperanza no está en un carbón encendido al rojo vivo, sino en lo que éste representa: la sangre de Jesús derramada sobre el altar de la Cruz[1] y aplicada...

a nuestros labios y lo que decimos,

a nuestros oídos y lo que escuchamos,

a nuestras mentes y lo que pensamos,

a nuestros ojos y lo que vemos,

a nuestras manos y lo que hacemos,

a nuestros pies y hacia donde vamos,

a nuestros corazones y la forma en

la que sentimos,

a nuestras voluntades y lo que

decidimos.

Mi propia confesión y declaración de culpabilidad de mi pecado me dejó sintiendo desesperación por ser limpia. Anhelé escuchar las mismas palabras de afirmación que escuchó Isaías. *¡Y las escuché!*:

«Anne, la sangre de Jesús, mi Hijo, te purifica de todo pecado del pasado, del presente e, inclusive, del futuro.[2] ... Debido a que has confesado tu pecado, seré fiel y justo para perdonarte y purificarte de toda injusticia.[3] ... Aunque tus pecados sean como la escarlata, serán blancos como la nieve[4] ... Así como está lejos el oriente del occidente, en esa misma medida removí las transgresiones de tu vida».[5]

Esta promesa viene a mi mente de vez en vez mientras trabajo en la computadora, porque en algunas ocasiones hay archivos o carpetas que quiero borrar.

Para hacerlo, tengo que arrastrarlas al pequeño depósito de basura de mi pantalla. Luego oprimo el botón de «borrar».

Aparece una pequeña ventana en la que está escrita la pregunta de si estoy segura de que quiero borrar lo que está ahí, y cuando lo confirmo oprimiendo el botón por segunda vez, aquello de lo que quiero deshacerme desaparece.

Totalmente.De forma permanente.

Si lo quiero recuperar, ya no es posible.

Cuanto tú y yo confesamos nuestro pecado y nos acercamos a la Cruz, quedamos limpios con la sangre de Jesús, es como si Dios arrastrara nuestro pecado al depósito celestial de basura, oprimiera el botón de borrar, ¡y desapareciera! Es alejado en la misma medida que está lejos el oriente del occidente. Si piensas en ello, el oriente y el occidente están tan lejos uno del otro como es posible que estén, ¡nunca se encuentran!

Se ha dicho que solo hay una cosa que Dios no puede hacer, y esa es recordar tu pecado y el mío cuando han sido perdonados. Cuando me acerco a él en humildad, a través de la fe en Jesús, él borra mi pecado de su memoria de una forma mucho más efectiva de la que yo borro cosas de mi computadora. ¡Ni siquiera Satanás puede recuperarla de los procesos internos de mi disco duro espiritual![6]

Corrie ten Boom, autora de *El refugio secreto* y sobreviviente de los campos de concentración nazis durante la Segunda Guerra Mundial, en alguna ocasión señaló que Dios echó nuestros pecados a las profundidades del mar y colocó una señal que dice: «Prohibido pescar».[7]

Todos los días, me inclino en profunda humillación con un corazón contrito y lleno de gratitud por el poder salvador y misericordioso de Dios, sabiendo, con profunda convicción, que si él me usa en el ministerio es simple y sencillamente por su gracia.

Porque que soy una pecadora sin esperanza, perdida y responsable por pecar; aunque también una pecadora que ha estado al pie de la Cruz, en donde el suelo es estable. Nadie —ni el apóstol Pablo... o Pedro... o María, la madre de Jesús... o Teresa de Calcuta... o el papa Juan Pablo... o Billy Graham—, nadie está exento de la necesidad de acercarse a [Cristo] y su Cruz para ser limpio del pecado. Al nivel del suelo, al pie de la Cruz, no hay lugar para...

la santurronería,

la crítica,

el espíritu crítico,

el orgullo,

la promoción personal, o

la hipocresía.

Al estar lejos de la sangre derramada de Jesucristo, estamos desamparados y sin esperanza en nuestra condición pecaminosa. Así que acompáñame a la Cruz.[8] Dale gracias a Dios por la sangre de Jesús que no ha perdido su poder para limpiarnos de nuestro pecado. *De todo nuestro pecado.*

Crucificado... Luego reanimado

Al ser expuesto a la luz de la santidad de Cristo, con sus labios llenos de ampollas por el carbón encendido, me pregunto si Isaías tuvo una experiencia de avivamiento espiritual muy semejante a la del apóstol Pablo, quien escribió años más tarde: «He sido crucificado con Cristo, y ya no vivo yo sino que Cristo vive en mí. Lo que ahora vivo en el cuerpo, lo vivo por la fe en el Hijo de Dios, quien me amó y dio su vida por mí».[9] Además, ¿las experiencias de Isaías y de Pablo fueron similares a la del apóstol Juan quien, exiliado en Patmos, cayó «a sus pies como muerto»[10] cuando sus ojos fueron abiertos a la visión de la gloria de Jesucristo?

Caer «como muerto» a los pies de Jesús significa primordialmente tres cosas:

Un muerto está callado—nunca he escuchado de un muerto que hable.

Un muerto está inmóvil—nunca he visto a un muerto moverse.

Un muerto está totalmente rendido—jamás he sabido que un muerto piense.

Como un hombre «muerto», el apóstol Juan estaba callado. Ya no estaba discutiendo el plan de Dios para su vida, ofreciendo excusas por su pecado, diciendo a Dios lo que quería hacer, racionalizando su conducta o insistiendo en hacer lo que él quería. Como hombre «muerto» estaba también inmóvil —ya no luchó en contra del plan de Dios para su vida, ni fue en su propia dirección cuando Dios iba en una dirección distinta, ni corrió con impaciencia adelantándose a Dios. Lo que Juan estaba describiendo era su «crucifixión»: la muerte total a su propia vida...

a sus derechos,

a sus deseos,

a sus sueños,

a sus planes,

a sus metas,

a su agenda,

a su conocimiento,

a su sabiduría,

a su entendimiento,

a su posición,

a su reputación.

Y estaba reemplazando esos atributos con una deliberada devoción a Dios, de todo corazón y sin reservas. Juan estaba totalmente rendido, postrado a los pies de Jesús, y satisfecho de yacer ahí en una actitud de absorta adoración y entrega. En ese momento y en esa postura humilde y desinteresada, nos mostró que la *clave para el avivamiento personal es la Cruz: arrepentirse del pecado y morir a sí mismo.*

En silencio y quietud, bañado en la luz de la gloria de Cristo y en una atmósfera que debió pulsar con su amor, con toda seguridad el corazón de Juan comenzó a latir en sincronía con un ritmo divino. Debió sentirse consumido con una urgencia por servir a Quien habían visto sus ojos y escuchado sus oídos, porque «poniendo su mano derecha sobre [él, le] dijo: ... "Escribe"».[11] Y Juan escribió. La Revelación de Jesucristo, el misterioso y emocionante vistazo al interior de la sala del trono del cielo y al futuro del planeta tierra, es el testimonio de primera mano registrado en una obediencia apasionada al mandato del Señor. Pero él pudo escribirlo *solo después* de que experimentó el avivamiento personal a través de una experiencia fresca en la Cruz.

De igual forma, cuando Isaías se inclinó en medio de la parpadeante luz del carbón encendido, luego de arrepentirse de su pecado y tras volver a la Cruz, su corazón también comenzó a latir en sincronía con ese mismo ritmo divino. Su ser entero también debió quedar totalmente cautivo por el deseo urgente de servir a Aquel que le ofreció su gracia y misericordia en el altar. En ese momento, Isaías supo que su vida no sería la misma...

Una experiencia genuina de avivamiento personal que resulta de un encuentro fresco con Jesús no es algo efímero. No solo es algo educativo; o inspirador; o algo motivador, o emotivo. Es algo que cambia la vida. Verdaderamente es como despertar en nuestra relación personal con Dios para que nuestras vidas giren totalmente en torno a nuestro amor apasionado por Jesús. Sabrás que tu corazón ha sido encendido con la llama del avivamiento cuando ninguna otra cosa tenga más importancia que Dios, y tu amor por él.

Llamados... luego encendidos con su fuego

Hace varios años, mi madre comenzó a sufrir de cataratas. Para poder leer, tomó del escritorio de papá una enorme lupa que estaba suspendida de un brazo articulado, con una pinza en el extremo para sujetarla. La fijó al brazo de su sillón floreado y acojinado, que estaba situado al lado de la ventana de su recámara. Como la lectora voraz e insaciable que es, encontró gran deleite en poder sumergirse nuevamente en sus queridos libros.

Una hermosa mañana, luego de leer por un rato, mamá fue a la cocina, situada en el extremo opuesto de su larga cabaña de troncos. Cuando regresó a la recámara, quedó sorprendida de hallar ¡una pequeña columna de humo levantándose desde el brazo del sillón! Luego de examinar el hecho, se dio cuenta de que el sol que caía a través de la ventana se había filtrado a través de la lupa, ¡intensificando la luz sobre la tapicería hasta encender el fuego!

Cuando Isaías vio al Señor, lo brillante de su luz —la pureza, santidad y gloria de quien es Jesús— brilló en el corazón de Isaías con tal intensidad, ¡que se encendió fuego en él! Su corazón, mente y alma fueron encendidos con un amor apasionado por Jesús.

Luego, en la significativa pausa que siguió a presionarse el carbón encendido en los labios de Isaías y con la voz del ángel haciendo todavía eco en el aire («*tu maldad ha sido borrada, y tu pecado, perdonado*»), ¡él experimento el avivamiento personal! A partir de ese momento, su vida entera se zambulló en la intimidad de una relación personal y arrolladora con el Dios viviente. A partir de ese momento, ninguna otra cosa tuvo una importancia mayor.

Ese mismo fuego avivado se encendió en Juan, el hijo de Zebedeo y hermano de Jacobo. Él fue un pescador ordinario de Galilea que tenía por sobrenombre «hijo del trueno», debido a su temperamento explosivo y acalorado.[12] Este mismo Juan, el hermano de Jacobo, el hijo de Zebedeo, y el Hijo del Trueno, fue llamado por Jesús para ser su discípulo.[13] Durante tres años, Juan observó a Jesús caminar sobre el agua, alimentar a cinco mil personas con cinco panes y dos peces, crear la capacidad de ver en un hombre que nació ciego, expulsar espíritus con solo una palabra, limpiar a los leprosos y ¡levantar a los muertos! Juan conoció a Jesús, creyó en Jesús y siguió a Jesús al ser llamado. Sin embargo, no fue sino hasta después del Pentecostés y de una experiencia de avivamiento personal que su vida fue radicalmente transformada y su corazón fue encendido con fuego [de Dios].

Juan sería siempre el hijo de Zebedeo y hermano de Jacobo. Sin embargo, luego del avivamiento, ya no fue un ordinario pescador. Ya no habría jamás nada ordinario respecto a él, ¡porque su corazón había sido encendido con fuego [de Dios]! Su intrépida predicación fue validada por el milagro de las vidas transformadas,[14] y la poderosa biografía de Jesús que lleva su nombre ¡ha transformado vidas durante más de dos mil años![15] Es sorprendente que, en vez de tener el sobrenombre de «Hijo del Trueno» debido a su acalorado temperamento, hoy día es conocido como el Apóstol del Amor, debido al tierno tono de sus escritos.[16] Además, su testimonio de primera mano acerca de la historia humana ha asustado y emocionado, desconcertado y alentado a los creyentes a través de todas las épocas, ofreciendo una esperanza retumbante a quienes no la tienen.[17]

Al vencer la persecución y el exilio con «perseverancia»,[18] Juan se convirtió en un evangelista para el mundo, un autor de libros de enorme éxito y un sembrador de iglesias y pastor increíblemente eficaz. Con un valor que nunca le dejó titubear, proclamó firmemente ante una cultura en extremo pluralista lo siguiente: «Porque tanto amó Dios al mundo, que dio a su Hijo unigénito, para que todo el que cree en él no se pierda, sino que tenga vida eterna».[19]

¿Estás pensando que obviamente el apóstol Juan fue llamado a ser un discípulo pero tú no? ¿Crees que son llamados solo los predicadores, misioneros y personas dedicadas profesionalmente al ministerio de tiempo completo? De hecho,

si eres salvo...

si naciste de nuevo...

si recibiste a Cristo por medio de la fe como tu
Salvador y Señor...

si eres un auténtico hijo de Dios...

¡entonces tienes el llamado para ser un discípulo! No puedes afirmar que Jesús es tu Salvador sin aceptarle como Señor. Él es el Señor, y él te manda a ti y a mí que le sigamos en una obediencia que dure toda nuestra vida, que perdure momento a momento, y que sea total, a la que llamamos discipulado.[20] La emocionante perspectiva que tenemos por delante es que, cuando eres declarado culpable... luego limpiado y crucificado... luego reanimado, y también llamado... ¡después eres encendido!

¿Es posible que realmente ocurra el día de hoy un avivamiento que transforme, enriquezca y profundice la vida? Se me ocurrió esa pregunta cuando compartía el almuerzo con un viejo amigo. Thomas estaba sentado frente a mí.[21] Él es un hombre alto, delgado, en su media edad y con cabello y barba entrecanos, quien recibió a Cristo como su Salvador cuando era niño. Había sido criado en un hogar cristiano y durante muchos años se había involucrado en el ministerio.

Sin embargo, él me describió el impacto de un reciente encuentro que tuvo con Dios de la siguiente manera:

«Anne, toda mi vida he creído en Dios, pero ahora *le conozco*. Conocía a Jesús, pero ahora él es una realidad. Su presencia es más tangible para mí que la silla en la que estoy sentado. Resulta que ahora oro todo el tiempo. Parece que no puedo orar lo suficiente. Y si no estoy orando, estoy leyendo mi Biblia. Al conducir mi automóvil, simplemente estallo cantando alabanzas. Él vive en mí, y yo le conozco. ¡Jamás había experimentado tanto gozo!

»Además, Anne, ya no tengo temor. No tengo miedo de morir. No tengo miedo de vivir. No tengo miedo del infierno. No tengo temor del diablo. No temo al fracaso, ni a las opiniones de la gente.

»No tengo temor de mi pasado, ni de los esqueletos que puedan salir de mi armario. No tengo temor de enfrentar la incertidumbre del futuro. Simplemente no tengo temor. ¡Tengo una paz perfecta!».

Thomas había experimentado el avivamiento personal, y su vida había sido transformada, al igual que la vida de Isaías fue transformada luego de ver al Señor.

Isaías experimentó el avivamiento personal, y eso marcó una diferencia que perduró toda su vida; una diferencia que fue evidente de inmediato.

Previamente, Isaías había gritado una y otra vez, «Escuchen la palabra del Señor», ... «Escuchen la ley de nuestro Dios»,... «La boca del Señor ha hablado»,... «Por lo tanto, el Señor Todopoderoso declara esto...».

Sin embargo, *después* de su avivamiento, su predicación sería un testimonio de que había interiorizado la Palabra de Dios, dejando que ésta penetrara su corazón antes de ofrecerla a otros. *Después* de haber visto al Señor, sus mensajes fluyeron no de su cabeza y de su conocimiento intelectual de Dios, sino de su corazón y de su relación personal con él:

«Entonces el Señor dijo a *Isaías*»

—y él proclamó la Palabra de Dios

«El Señor *me dijo*»

—y él proclamó la Palabra de Dios

«El Señor *me dijo otra vez*»

—y él proclamó la Palabra de Dios

«El Señor *me dijo* con su fuerte mano sobre mí»

—y él proclamó la Palabra de Dios.[22]

Sus palabras brillaron con el fuego santo encendido por su sincero y sentido arrepentimiento, y por su regreso a la Cruz.

Fue al pie de la Cruz, con un cuerpo, alma, mente y corazón que debieron estar temblando por el efecto de ver al Señor que, como nunca antes, los oídos de Isaías fueron abiertos y su corazón fue agitado. *Luego de esto él caminó hacia la grandeza...*

SEIS

¡Solo di «sí»!

Isaías 6:8

Rechaza la vida de baja calidad, el caminar por vista, la
mala planeación, la oración ocasional, y el dar de forma
limitada – Dios te escogió para la grandeza.

La historia de Carole

Debo ser honesta respecto al momento en el que yo me rendí
«totalmente»: no había pensado que rendir mi profesión podía significar que realmente debía renunciar a mi empleo. Sin embargo, sé que
realmente quise rendirme de todo corazón. Pensado en retrospectiva,
sé que el Señor sabía qué tan genuino era eso: más de lo que podría
darme cuenta por mí misma.

Una porción de Jeremías 18 cobró un nuevo significado para mí
en ese punto de mi vida: el pasaje que describe al barro y al alfarero.
La Nueva Versión Internacional dice que el alfarero hizo una vasija
que «se le deshizo en las manos; así que volvió a hacer otra vasija,
hasta que le pareció que le había quedado bien» (versículo 4).

El Señor me tomó la palabra respecto a mi deseo de que él pose-
yera mi vida entera. Tengo que agradecer que él no me dejó en la
rueda de moldear, me arregló redondeando algunas orillas y me llevó
a vivir mi vieja vida un poco mejor No. Me dio un comienzo totalmente nuevo para servirle a él.

El Alfarero nunca cambió, pero sí se puede decir que yo soy una
vasija completamente nueva. Él me amasó y me dio una forma nueva.
Cierto día, pocos meses después de la fecha en la que me puse de pie
para rendirme, sonó el timbre de mi teléfono en la oficina. Para sor-
presa mía, del otro lado de la línea se encontraba Anne Graham Lotz,
solicitándome que uniera al equipo de su ministerio como directora de
avivamiento. En mi corazón yo esperaba una llamada telefónica.
Pensé que Dios me pediría ser la directora del departamento de

Escuela Dominical o que dirigiera un estudio bíblico en mi hogar. Sin embargo, los planes para mi vida eran algo mucho más grande. Jamás en mis más descabellos pensamientos podría haber pensado que esto incluiría una propuesta para dejar todo e involucrarme en el ministerio de tiempo completo. Pero en mi conversación con Anne, escuché algo más que una oferta de trabajo. Escuché la voz de Dios que me llamaba al servicio.

En un movimiento que me hubiera parecido absurdo un año atrás, dejé mi carrera de veinte años, me mudé a tres mil doscientos kilómetros de distancia de mi hogar, y me uní al personal de tiempo completo de la organización que ella dirige: Ministerios AnGeL...

Escucha su voz

Algo decisivo si tú y yo queremos mantener el fuego del avivamiento personal es aprender a escuchar la voz de Dios. Jesús enseñó que escuchar su voz es uno de los principios fundamentales del discipulado. Él se describió a sí mismo como el Buen Pastor y a ti y a mí como sus ovejas: «Las ovejas oyen ... [la] voz [del Pastor]. Llama por nombre a las ovejas y las saca del redil ..., y las ovejas lo siguen porque reconocen su voz».[1]

En las civilizaciones occidentales, el concepto de un pastor personal es relativamente poco significativo. Cuando se reportó una epidemia de fiebre aftosa en los noticieros hace algunos años, pudimos observar imágenes rápidas de ranchos ovejeros en las pantallas y fotografías de corrales de ovejas en las primeras planas de los diarios matutinos, haciendo consciencia en el público de esta vital pero poco notoria industria.

Hoy día, las ovejas adornan campos de pastoreo cuidadosamente cercados y las cuidan perros de razas especiales, además de ser identificadas por un número tatuado en sus orejas. Se hace un seguimiento computarizado de la fecha de su nacimiento y de la fecha en la que estarán listas para ser trasquiladas o sacrificadas. No hay pastores personales. A menos que las ovejas estén en una granja muy pequeña, ni siquiera sus dueños pueden distinguir a una oveja de otra.

Pero el pastor oriental era muy diferente, y en muchas partes del mundo todavía lo es. Criaba a sus ovejas desde que eran corderos y era responsable de ellas las veinticuatro horas del día, los siete días de la semana, año tras año, durante toda su vida. No había perros, cercas, tatuajes o computadoras.

El pastor oriental en la época de Jesús criaba a sus ovejas primordialmente en las colinas de Judea. El campo era rocoso, escarpado y lleno de profundos barrancos y grietas. Las zonas de pastos eran escasas, así que el pastor tenía que establecer una relación personal y funcional con cada oveja, desarrollando amor y confianza en él para poder guiarlas hacia donde el camino fuese más llano, los pastos más verdes, el agua más clara y las noches más seguras. El pastor siempre *dirigía* a las ovejas.

Él conocía sus nombres y cuándo se los había dado. Ellas reconocían su voz, siguiéndolo como una grupo de pollitos sigue a su mamá gallina. Cuando se detenía, las ovejas se apiñaban a su alrededor, empujándose contra sus piernas. Su relación personal con él se basaba en su voz, la cual ellas conocían y en la cual confiaban.

En esta parábola, tú y yo somos las ovejas, el Buen Pastor es Jesús, y la voz del Buen Pastor es la Palabra de Dios. Nuestro Pastor nos habla a través de las palabras escritas en nuestra Biblia, y sus palabras son personales.

Sus palabras son personales

Hace varios años, para celebrar el octogésimo segundo cumpleaños de mi padre, el Presidente George W. Bush invitó a papá y a varios miembros de su familia inmediata, junto con algunos amigos muy especiales, a cenar a la Casa Blanca. Tuve el privilegio de ser invitada en esa ocasión especial. Me senté en una mesa redonda con mi padre, la señora Bush, Steve Case, Cliff Barrows, mi hermano Ned, y otros. En conversación amigable, mi padre relató una historia a todos lo que estábamos en la mesa. Todos en la mesa sabían quién les hablaba. Pero luego él volteó, miró directamente hacia mí, y me dijo: «Anne...», y yo supe que estaba hablándome *personalmente* a mí.

Cuando abro mi Biblia, sé que Dios me habla porque Dios le habla a todos a través de su Palabra. Pero hay momentos en los que abro mi Biblia y un versículo o pasaje parece brincar de las páginas con mi nombre escrito allí. Es entonces cuando sé que Dios me está hablando personalmente a mí. Eso ocurrió recientemente cuando me encontraba dirigiendo *A Passionate Pursuit* [Una búsqueda apasionada].

A Passionate Pursuit es el retiro y seminario de mi ministerio para las mujeres que está diseñado para ayudarles a profundizar en la Palabra de Dios y capacitarles para guiar a otros, al mismo tiempo que les ayuda también a mantener el fuego del avivamiento en sus corazones. Los tres días de enseñanza son intensos; ponen a prueba los límites de mis capacidades espirituales, físicas, emocionales y mentales. El año pasado, durante los días que precedieron a este retiro, sufrí mi tercer caso de gripe tipo neumonía. Llegué a la ciudad sede mientras todavía estaba ingiriendo antibióticos y puñados de vitamina C y equinácea. Después de casi tres décadas de enseñanza, yo sabía que Dios sería fiel en ayudarme a pasar por esto, pero aun así me sentía *muy cansada y enferma...*

La mañana del primer día del retiro, abrí el *Daily Light* [Luz diaria], un volumen de Escrituras selectas que he leído todos los días de mi vida desde que tenía diez años de edad. Esta es la forma en la que «escuché» las Escrituras esa mañana:

—«*Sé fuerte... y trabaja; pues yo estoy contigo, Anne*», dice el Señor de los ejércitos.

—*Señor, ¿quieres decir que puedo hacer todo en Cristo que me fortalece?*

—Sí, Anne, fortalécete en el SEÑOR y en el poder de su fuerza... El gozo del SEÑOR es tu fuerza... El Señor se volvió a Anne y dijo: «Ve en el poder que te concedo...». Si Dios está contigo, Anne, ¿quién puede estar en contra tuya?... Por eso, Anne, tú has recibido misericordia, así que no desmayes... No te canses de hacer el bien, pues a su debido tiempo cosecharás si no desmayas.

—*Gracias, gracias... Gracias sean dadas a Dios, quien me da la victoria a través de nuestro Señor Jesucristo.*[2]

Al leer esos versículos, escuché con claridad total que mi Pastor me habló con un corazón lleno de compasión, sensible al desafío que me enfrentaba y con una sincera comprensión de mi debilidad. Sus palabras me alentaron y fortalecieron de tal modo que pude llevar a cabo mis tareas exitosamente. Ninguna de las mujeres que asistieron al retiro sospecharon jamás la forma en la que tuve que luchar.

Cuando nuestro Pastor habla, nos habla de manera personal: por nombre. Él nos conoce por dentro y por fuera. Conoce nuestros pensamientos antes de que estén en nuestra mente,

nuestras palabras antes de ser pronunciadas por
nuestras lenguas,
nuestras emociones antes de que las sintamos
en nuestros corazones,
y nuestras acciones antes de que haya algún
movimiento.

Él habla en el idioma de nuestras propias vidas.

¿Cuándo has escuchado la voz de tu Pastor hablándote? ¿Cuándo le has escuchado llamarte por nombre? Cuando lees tu Biblia, ¿te concentras en los hechos y la información, los mandamientos y las promesas, las advertencias y las palabras de aliento, los ejemplos y las exhortaciones? *¿Cuándo han sido abiertos tus oídos a su voz dentro de esas páginas, llamándote por nombre...?*

Sus palabras fluyen de su corazón

Los oídos de Isaías fueron abiertos a la voz de Dios cuando su conocimiento y relación con él descendieron los cuarenta y seis centímetros desde su cabeza hasta su corazón. *En el momento* en el que fue atraído a una comunión cercana e íntima con Aquel que fue su Creador, su Redentor, y su Rey— el que estaba sentado en el trono, excelso y sublime—, fue *entonces* que escuchó la voz de Dios, diciendo: «¿A quién enviaré? ¿Quién irá por nosotros?» (6:8). ¡Fue *entonces* que los oídos de Isaías fueron abiertos al clamor del corazón de Dios!

Ese mismo clamor hizo eco años más tarde, luego de que Jesús se encontró con la mujer samaritana al lado del pozo de Jacob durante un cálido y polvoriento día en Sicar. Cuando sus discípulos trajeron la comida que habían hallado en el pueblo, insistieron en que él comiera. Sus palabras llevaban un tácito sentido de urgencia para continuar su viaje de manera que pudieran poner distancia entre ellos y los samaritanos, un pueblo al que despreciaban, tan pronto como fuera posible.

Sin embargo, en vez de abrir su boca para satisfacer su hambre física, Jesús clamó con un corazón herido a favor de un mundo perdido. En una voz que con toda seguridad pulsó con el mismo ritmo divino que estaba sincronizado con el corazón de su Padre, Jesús ordenó: «¡Abran los ojos y miren los campos sembrados!... Es abundante la cosecha —les dijo—, pero son pocos los obreros. Pídanle, por tanto, al Señor de la cosecha que mande obreros a su campo. ¡Vayan ustedes! Miren que los envío como corderos en medio de lobos».[3]

Ese variopinto grupo de pescadores, cobradores de impuestos y hombres ordinarios debieron haber volteado a mirarle como si se hubiera vuelto loco: «¿Quién? ¿Yo? ¿Ir a *dónde*? ¿A Jerusalén y a los *judíos*? ¿A los samaritanos y los *marginados*? ¿A Judea y los *religiosos*? ¿A todo el mundo: *ateos, paganos y humanistas*?».

La emocionante verdad que debemos contemplar tú y yo es que, luego de que los discípulos fueron a la Cruz, tuvieron un encuentro personal con el Cristo resucitado, y experimentaron el poder explosivo del avivamiento personal en el Pentecostés, *¡obedecieron la orden!* ¡Llevaron el evangelio de Jesucristo a todo el mundo! Casi dos mil años más tarde, ¡yo soy el fruto de la obediencia fiel que fluyó de su avivamiento personal!

Ese mismo clamor del corazón de Dios ha retumbado a través de las edades, desde el mismo momento en el que Jesús lo pronunció a sus discípulos en la ladera de una montaña de Galilea: «Por tanto, vayan y hagan discípulos de todas las naciones, bautizándolos en el nombre del Padre y del Hijo y del Espíritu Santo, enseñándoles a obedecer todo lo que les he mandado a ustedes. Y les aseguro que estaré con ustedes siempre, hasta el fin del mundo».[4]

¿Cuándo *escuchaste* ese clamor?

Sus palabras están dirigidas... a ti

Isaías escuchó sin querer el clamor del Señor: «¿A quién enviaré? ¿Quién irá por nosotros?».

Al igual que tú y yo, Isaías pudo haber volteado a su lado para saber a quién se dirigía el Señor. Podría haber buscado a alguien que atendiera el llamado, que fuera. Pudo haber llorado amargamente por un mundo perdido y arruinado. Pudo haber orado desesperadamente para que Dios enviara obreros a los campos de cultivo. Pudo haber deseado que *alguien más* respondiera al llamado.

Luego de que resonó el clamor de Dios, me pregunto si hubo un momento prolongado de silencio. Un silencio total mientras nada se movía. Nadie pareció adelantarse. El clamor de Dios debió haber permanecido pesadamente en el aire... esperando...

Otros podían haberse sentido preocupados: «¡Oh, Dios, no! ¡No te refieres a mí!».

Algunos, como Moisés, habrían rogado, «Señor —insistió Moisés—, te ruego que envíes a alguna otra persona».[5] (O, como algunos expertos han explicado el intento de Moisés por quitarse de encima a su hermano: «Heme aquí, ¡envía a Aarón!»).

La mayoría de nosotros ha pensado así: *¡Yo no! ¡Con toda seguridad no te refieres a mí! Sé que por aquí hay un misionero. ¡Tiene que haber uno! ¡O un evangelista! Alguien que realmente tenga un llamado, ya sabes, que haya visto la escritura en la pared y todo eso.*

Ir a todo el mundo y hacer discípulos es algo que deben hacer otras personas. Yo voy a orar, e incluso ofrendaré dinero, pero de seguro no quieres que yo vaya. ¡¿Yo?!

Esa es la forma en la que he respondido en el pasado: «Señor,

Soy muy joven.

Soy muy vieja.

Estoy muy ocupada.

No tengo los estudios suficientes.

No soy suficientemente rica.

No soy tan inteligente.

No soy tan espiritual.

No tengo tan buena salud.

¡Con seguridad no te refieres a mí! ¡No a *mí!*»

Pero eso fue *antes* del avivamiento personal. Eso fue antes de haber visto al Señor. Ahora mi más grande temor es que no me llame a servirle o que, si lo hace, por alguna razón no lo escuche.

Isaías no solo escuchó la voz de Dios, sino que aplicó a sí mismo lo que Dios dijo. Esto es lo más asombroso al darte cuenta de que, en este punto de inflexión en la vida de Isaías, Dios no le habló directamente a él. No hubo escritura en la pared, no hubo un relámpago en el cielo, y ni siquiera un llamado directo.

En este momento estratégico, Isaías *oyó sin querer* lo que Dios habló, como si el Señor estuviera hablándole a alguien que hubiera decidido escuchar.

Cuando tú y yo abrimos nuestras Biblias, Dios habla... a todo el que tiene oídos para escuchar su voz. Sin embargo, ¿cuántas personas que leen e, incluso, le escuchan hablar, *aplican* realmente lo que él dice a sus vidas?

Isaías lo hizo. Seguramente Isaías habló tímidamente con un susurro que titubeó con humilde contrición, aunque resueltamente habilitada por el ritmo de ese latido divino: «Aquí estoy. ¡Envíame a mí!» (6:8). *Aquí estoy Señor. Tú me recuerdas. Soy al que, cuando su vida fue sacudida por la muerte del rey Uzías, le fueron abiertos los ojos de una manera fresca a tu santidad. A la luz de quien eres tú, he podido verme, he podido ver mi servicio, y he visto mi pecado de una forma radicalmente devastadora. Tengo la consciencia plena de que soy totalmente incapaz de vivir para ti o de servirte de una forma que te agrade o que marque una diferencia eterna para alguien. Sin embargo, Dios amado, ¡he estado en la Cruz! ¡Mi culpa fue quitada y mi pecado fue expiado! Y, ¡oh, Dios!, si tú pudieras usarme en algún momento, ¡aquí estoy! Sería el privilegio más grande de mi vida hacer cualquier cosa para Aquel que ha hecho tanto por mí. Por favor, amado Dios, llámame al servicio. ¡Envíame a mí!*

O poniendo la respuesta de Isaías en términos más simples y cortos: «Sí, Señor. ¡Sí, sí, Comandante!».

Dios dijo «Ve» (6:9). E Isaías fue. Y también yo.

Uno de los efectos permanentes del avivamiento personal es que ha marcado una diferencia en mi vida. No solo escucho la voz de Jesús y aplico sus palabras a mi vida, sino que solo vivo para él. Estoy tan cautivada por quien es él y por lo que ha hecho por mí, que no considero mi vida como de mi propiedad. Puse mi vida a sus pies perforados por los clavos, a su total disposición. En cualquier momento, en cualquier lugar, de cualquier forma. El gozo supremo de mi vida estar disponible para él.

¿Acaso estás pensando... *Bueno Anne, eso suena bien para ti, pero yo no estoy tan seguro...*? ¿Estás dudando porque no estás seguro de que tal entrega vale la pena? ¿Estás preguntándote

qué es lo que obtendrás de ella? Entonces déjame compartir
contigo lo que yo he obtenido de ella. El avivamiento personal
me ha dado más de...

Su consistencia en mi devoción,
Su fervor en mis oraciones,
Su sencillez en mi estilo de vida,
Su humildad en mi actitud,
Su pureza en mis motivos,
Su fidelidad en mis compromisos,
Su generosidad en mis relaciones personales,
Su perdón en mis conflictos,
Su amabilidad en mis acciones,
Su bondad en mi matrimonio.

Su bendición en mi quebranto,
Su fortaleza en mi debilidad,
Su valor en mis convicciones,
Su gozo en mis circunstancias,
Su voluntad en mis prioridades.

Su contentamiento en mis frustraciones,
Su sabiduría en mis decisiones,
Su disciplina durante el día,
Su visión en mis sueños.

Su propósito en mis pasos,
Su paz en mis tormentas,
Su presencia en mi hogar,
Su poder en mi vida.

Sus lágrimas en mis ojos,
Su voz en mis oídos,
Sus pensamientos en mi mente,
Sus obras en mis manos,
Sus palabras en mi boca,
Su amor en mi corazón.

La bendición gloriosa que he recibido como resultado de responder al llamado de un avivamiento personal es que...
en mí,
conmigo,
alrededor de mí,
ante mí,
detrás de mí,
debajo de mí,
sobre mí...
he sido saturada con más de... ¡JESÚS!

¿Qué estás esperando? ¡Despierta! En algunas ocasiones Dios desgarra nuestro corazón para abrirlo y hacer espacio para el mundo. ¡Así que muévete! *Una señal de alerta es un llamado a la acción...*

SIETE

¡Mueve tus pies!

ISAÍAS 6:9 – 13

Ahora tu vida tiene propósito y relevancia eterna.

La historia de Carole

En vez de dirigirme hacia el escalón final del escalafón corporativo, pasé los cinco años más recientes de mi vida dirigiéndome, en el nombre de Jesús, a la iglesia en los Estados Unidos de América y en todo el mundo. En un plan que solo el Señor pudo haber dispuesto para mi vida, utilizo la experiencia y la capacitación obtenidas en los años que pasé en las corporaciones para cuidar de los aspectos administrativos de un ministerio que alcanza a miles de personas, en cada continente, con la Palabra de Dios. Es como si el Señor hubiera tomado mi atracción por la tecnología y mi inclinación por la administración, y hubiera cambiado su dirección hacia su propósito, no el de Carole.

La meta más grande que me hubiera impuesto, o la aspiración más alta que pude tener en mi carrera secular y previa al avivamiento, jamás alcanzaría el nivel de lo que he experimentado en mi corazón y en mi servicio desde que recibí un toque nuevo —y una tarea nueva— de parte de él.

Le entregué la totalidad de mi vida, y él me dio un propósito totalmente nuevo. Cuando dejé de verme a mí misma, él me mostró un mundo totalmente nuevo, a través de sus ojos.

De la misma forma en la que no podría haberte dicho que necesitaba un avivamiento antes de esa noche de noviembre del año 2000, ahora te puedo decir que definitivamente no podría haberme imaginado que estaría sirviendo al Señor en el ministerio de tiempo completo. En su gracia y misericordia, no solo aceptó mi corazón quebrantado y humillado, sino que me dio un regalo: un toque fresco de sí mismo. Le entregué la totalidad de mi vida, y él me dio un propósito totalmente nuevo.

El avivamiento, para mí, no tiene que ver con dejar atrás lo que el mundo ofrece. Tiene que ver con dejar el pecado atrás de modo que pueda recibir la vida más rica que el Señor ofrece...

Sólo hazlo

Hace varios años, la marca de ropa deportiva Nike transmitió un anuncio de televisión que sigue siendo uno de mis favoritos. En el anuncio se presenta Michael Jordan, el mejor jugador de baloncesto que jamás ha practicado ese deporte, haciendo rebotar el balón sobre la duela. Cuando se aproxima a la línea de tiro libre, parece que se eleva en el aire. Desplegando sus largas piernas como alas, con la lengua fuera de la boca, con gotas de sudor volando desde su calvo cráneo, sus morenos dedos envolviendo el balón, con un brazo describiendo un majestuoso arco por sobre su cabeza y con sus ojos intensamente concentrados en el aro, ¡realmente parece que vuela! Su vuelo lo lleva por encima del borde de la canasta y luego, velozmente, mueve su brazo hacia abajo y clava el balón a través de la red. En ese momento, la pantalla de televisión queda totalmente negra y aparecen las palabras: «*Just do it!*» [¡Sólo hazlo!].

El mensaje fue claro. Llegó el tiempo en el que Michael Jordan tuvo que dejar de fanfarronear, hablar, planear, pensar, practicar, hacer rebotar el balón... y ¡sólo hacerlo! ¡Sólo poner el balón dentro de la canasta!

De la misma forma, llega un tiempo para los cristianos, para ti y para mí, en el que debemos dejar de leer, estudiar, discutir, pensar, orar, arrepentirnos, ¡y sólo hacerlo! Pon todo lo que sabes y todo lo que has experimentado en práctica y comienza a vivirlo. Ahora. Llegó el momento de mover los pies. Junto con Isaías, el profeta Ezequiel ha sido para mí un modelo a seguir, pues me ha desafiado a responder a mi propia visión del Señor, no a través de temas piadosos o de la súper espiritualidad, sino con la acción... sencillamente haciéndolo. Simplemente muévete en el servicio al Señor.

Ezequiel fue un exiliado israelita en Babilonia que vivía en un campo de refugiados en la parte superior de un tiradero de desperdicios, quien también pudo decir: «He visto al Señor». Él dio testimonio de esto: «Ante esa visión, caí rostro en tierra y oí que una voz me hablaba... Me dijo: «Hijo de hombre, te voy a enviar...».[1]

Aunque el avivamiento personal es algo que debemos apreciar en nuestros corazones para siempre... aunque es algo que debe mantenerse escrupulosamente... aunque es algo que trae un enorme gozo y una profunda paz... ¡también es algo que debería forzarnos a servir a Aquel que nos ha encendido con su fuego! De hecho, si no es así, yo cuestionaría su validez. ¡No es posible experimentar un avivamiento personal en tu relación con Jesucristo y después quedarte sin hacer nada!

Si realmente te has despertado, abierto tus ojos, desgarrado tu corazón, doblado tus rodillas y dicho «sí», entonces lo que sigue de manera natural —no es una opción— ¡es que *debes* mover tus pies! Si declaras «yo he visto a Dios», ¿cuál es la diferencia que eso ha marcado? ¿Qué diferencia ha marcado y que sea evidente para otros? ¿Qué impacto tuvo en tu vida la visión que tuviste de Jesús?

Obligados por la visión

El apóstol Pablo, resoplando fuego y azufre, se dirigía hacia Damasco, portando un documento que le concedía autoridad total para perseguir a los cristianos allí. Al aproximarse a la ciudad, una brillante y cegadora luz apareció desde el cielo. Cayó sobre su rostro y escuchó una voz: «¿Por qué me persigues?». Al preguntar de quién era la voz, la voz respondió: «Yo soy Jesús, a quien tú persigues... Ahora, ponte en pie... Te envío...».[2] Cuando Pablo relató su testimonio al ser juzgado ante el rey

Agripa, afirmó lo siguiente: «Así que, rey Agripa, no fui desobediente a esa visión celestial».[3] De hecho, Pablo, el principal perseguidor de creyentes, se convirtió en quizá el más grande evangelista que el mundo ha conocido.

Luego el apóstol Juan vio al Señor, él «cayó a sus pies como muerto» y luego, como resultado directo de la visión, escribió la Revelación de Jesucristo.[4]

Debido a que Isaías vio al Señor, ¡hizo algo!

Movió sus pies viviendo sólo para Jesús.

Debido a que Ezequiel vio al Señor, ¡hizo algo!

Movió sus pies viviendo sólo para Jesús.

Debido a que Pablo vio al Señor, ¡hizo algo!

Movió sus pies viviendo sólo para Jesús.

Debido a que Juan vio al Señor, ¡hizo algo!

Movió sus pies viviendo sólo para Jesús.

Si has visto al Señor, ¿qué es lo que tú has hecho? ¿Por qué estás todavía parado ahí? ¿Para quién o para qué vives?

¡Esta es tu señal de alerta! ¡Es hora de levantarse! ¡Es hora de vestirse! Es hora de responder al llamado de Dios a un avivamiento personal regresando a la Cruz, arrepintiéndote de tus pecados y moviendo tus pies al volver a consagrar tu vida a Jesús, y solamente a Jesús. ¡La visión es irresistible! Y lo mismo es tu amor...

Obligados por tu amor

Cuando amas a otros, ¿es difícil quedarte sentado y no hacer nada por ellos cuando están cerca? Para mí, sí. Mis hijos, sus cónyuges y los nietos normalmente se reúnen en nuestra casa los domingos por la tarde y noche para jugar, convivir, comer, ver un encuentro de fútbol americano, y para, simplemente, disfrutar de la compañía de los demás. Cuando vienen, constantemente estoy saltando de un lado a otro para traer algo, ayudar a alguien, jugar, preparar la cena o servir bebidas refrescantes. Debido a que los amo, encuentro un gran placer en hacer algo por ellos.

Hace poco, cuando estuve de visita en el hogar de mis padres, recordé cómo es que la forma en la que servimos a otros expresa nuestro amor por ellos. Durante muchos años, mis padres han sido muy fuertes y capaces de valerse por sí mismos. Desde que tengo memoria, han servido a otros, dado a otros, trabajado por otros y ministrado a otros, al igual que a mí. Durante la totalidad de mi vida he sido la receptora de sus acciones y actividades de amor. ¡Realmente han sido una increíble bendición para mí!

Mis padres han envejecido y cada vez son menos activos físicamente. Mamá ya no puede caminar ni ver bien. Ya no puede cocinar mis alimentos o arreglar mi habitación y ni siquiera estar en la puerta para saludarme cada vez que llego. Papá tiene dificultad en mantener el equilibrio cuando camina y casi no puede oír. Ya no puede caminar por la montaña conmigo, hablar por teléfono, o siquiera entrar en la conversación durante la cena. Son muy afortunados en contar con asistentes muy capaces y dispuestos que se hacen cargo de sus necesidades prácticas.

Aunque lamento la pérdida de su fuerza física y comparto su frustración por la plenitud de su vida interna que está sujeta a la debilidad de un cuerpo externo, encuentro un gran gozo y placer personal en poder, finalmente, hacer algo *por ellos*. Me encanta hornearles una tarta de manzana o cocinar un suntuoso asado con todo tipo de guarniciones para el almuerzo del domingo. Me encanta lanzar un tronco extra al fuego de la chimenea de mamá o correr a buscar un libro que solicita papá. Me encanta cobijar el frágil cuerpo de mamá o ajustar la silla de mi papito en el ángulo preciso. Me encanta insertar el video que quieren ver en la máquina y luego encontrar el control remoto correcto para reproducirlo. Me encanta abrir la ventana para que puedan respirar aire fresco, y luego cerrarla cuando sienten frío. Me encanta hacer todas esas pequeñas cosas que dicen: ¡les amo!

Es algo razonable que queramos hacer cosas por quienes amamos. ¿Tú amas a Jesús? ¿Realmente le amas? ¡Yo sí! Y en mi amor por él parece que escucho que me susurra al corazón lo mismo que le dijo a Pedro ese día, hace mucho tiempo, junto al Mar de Galilea...

Pedro acababa de tener un fresco y dramático encuentro con Jesús. ¡Pedro había visto al Señor! El sol se levantó en el cielo matinal, el fuego se consumía, los últimos bocados de pescado y las últimas migajas de pan se habían ingerido.

Al igual que al resto de nosotros, Jesús amó a los suyos, y acababa de hacer algo por ellos al prepararles el desayuno. Luego centró toda su atención en Pedro. Con amor, paciencia y persistencia lo desafió: Si me amas, haz algo por mí.[5]

La visión de la gloria de Jesús resucitado que tuvo Pablo lo obligó a hacer de inmediato algo acerca de lo que había visto. Comenzó a hablarle a la gente de Damasco acerca de Jesús; luego fue a Jerusalén, a Judea, y al resto del mundo entonces conocido, ¡proclamando a Jesús hasta su muerte! ¡Él no pudo simplemente encontrarse con el Señor Jesucristo viviente y quedarse sin hacer nada!

Cuando le escribió a los cristianos en Corinto, afirmó lo siguiente: «El amor de Cristo nos obliga, porque estamos convencidos de que uno murió por todos ... para que los que viven ya no vivan para sí, sino para el que murió por ellos y fue resucitado».[6]

La obra que Jesús tenía preparada para que Pedro la hiciera fue distinta a la obra que tenía preparada para Pablo, lo cual es una lección que subraya la Escritura que nos dice: «Hay diversas maneras de servir, pero un mismo Señor».[7] La obra que tiene preparada para mí será distinta a la que tiene preparada para ti.

Algunos predicamos,
    algunos enseñamos,
        algunos proporcionamos asistencia técnica en
            audio, video o computadoras.
Algunos cuidamos a los bebés,
    algunos cocinamos,
        algunos dirigimos los tiempos de adoración.
Algunos escribimos libros,
    algunos escribimos música,
        algunos asesoramos en cuestiones legales a los
            pobres.
Algunos visitamos a los prisioneros,
    algunos saludamos a los visitantes en la iglesia,
        algunos limpiamos el santuario.
Algunos alimentamos a quienes tienen hambre,
    algunos hospedamos a quienes no tienen hogar,
        algunos cuidamos a los moribundos.

No todo aquello que hacemos por Jesús tiene que ser algo grande. Lo que importa es cómo lo hacemos. Tal como Pablo instó a los colosenses: «Hagan lo que hagan, trabajen de buena gana, como para el Señor y no como para nadie en este mundo».[8] Grabado en el marco de mi ventana, sobre el fregadero de mi cocina —lo mismo que está grabado en un letrero sobre el fregadero de la cocina de mamá—, está este recordatorio: Tres veces al día, todos los días, aquí se prestará un servicio divino. Esas palabras me ayudan a recordar que alimentar a mi familia y prestarles un algún servicio, cuando lo hago como para el Señor, es un servicio divino.

A pesar del servicio divino que hagamos para él, nuestra misión es la misma: ir a todo el mundo y hacer discípulos a todas las naciones.[9] Y ese mundo, como señala la autora y maestra de la Biblia *Jill Briscoe*, no necesariamente es África o Asia sino el mundo entre nuestros dos pies. Nuestra misión tiene que ver con decirles a otros quién es Jesús y qué es lo que él ha hecho por ellos. Cuando aquellos por los que hemos orado y a quienes les hemos hablado de Cristo responden poniendo su fe en él como Señor y Salvador, nuestra misión se expande para ayudarles a crecer en la fe hasta que ellos, a su vez, puedan llevar la salvación a otros y ayudarles a ser también discípulos —una y otra vez, de generación en generación.[10]

En nuestra obra y en nuestra misión no estamos motivamos por un sentido del deber, ni tampoco por el orgullo o la obtención de privilegios, tampoco por causa de nuestra reputación o nuestras responsabilidades, sino por el mismo fuego del avivamiento que estaba encendido dentro de Pedro y de Pablo: hemos visto al Señor, ¡y trabajamos para él sencillamente porque le amamos!

Lo mismo fue verdad para Isaías. Luego de su visión de la gloria del Señor, con humildad se ofreció para el servicio. Casi de inmediato se le asignó una tarea: «Ve y dile a este pueblo...» (6:9). Su tarea fue transmitir el mensaje que Dios le dio para un pueblo que oiría bien, pero no entendería; miraría bien, pero no percibiría (6:9).

Se le asignó ir a un pueblo que, ¡simplemente jamás entendería nada! No serían absolutamente nada receptivos a la verdad. Sin embargo, dado que continuaría comunicándoles la Palabra de Dios y ellos continuarían resistiéndose a ella, él haría «insensible el corazón de este pueblo; ...[embotando] sus oídos» (6:10). Jamás serían sanados porque jamás se arrepentirían de su pecado. ¡Se le asignó a Isaías una tarea muy difícil!

¿Cuál es el pueblo al que Dios te envía a ti? ¿Tu familia? ¿Tus vecinos? ¿Tus colaboradores? ¿Tu socio de negocios? ¿Tu congregación? ¿Tus estudiantes? ¿Tus condiscípulos? ¿Tus compañeros de habitación?

¿Te envía a un pueblo en otra ciudad... estado... país... o continente? ¿A personas de que hablan otro idioma... de otra raza... o cultura? ¿Estás retrocediendo, dudando, retrasándote o resistiéndote porque parece algo muy difícil?

En ocasiones me pregunto si nosotros, que vivimos en los Estados Unidos en el siglo XX, conocemos realmente lo que es algo «difícil». Durante la última década del siglo XIX, «Tío» *Jimmy Graham*, como le decían por afecto, fue enviado por Dios al pueblo de China como misionero con su esposa, «Tía» Sophie.[11] Luego se le unió *Absalom Sydenstricker*, el padre de *Pearl Buck*,[12] y abrieron la estación misionera a la que se unieron mis abuelos maternos en 1916.

Tío Jimmy estudió y muy pronto dominó el lenguaje tonal, luego comenzó a predicar el evangelio de aldea en aldea y de pueblo en pueblo en la provincia de Kiangsu. Durante más de dieciocho meses, jamás escuchó ni siquiera una respuesta positiva a su mensaje. Tía Sophie contaba que no había una sola noche en la que él regresara sin estar cubierto de golpes causados por las rocas que los campesinos le lanzaban o en la que su rostro no tuviera escupitajos.

Años más tarde, mi madre tuvo la oportunidad de preguntarle si él se desanimó alguna vez. Ella me dijo que se quedó perplejo, como si no conociera el significado de la palabra. Luego respondió: «No. No. La batalla es del Señor, y él nos dará la victoria en nuestras manos».

¿Qué privación enfrentas tú mientras haces la obra del Señor? ¿Se puede comparar con los desafíos enfrentados por Tío *Jimmy Graham* o por Isaías?

Obligados por su mandato

A pesar de lo fresco de la visión de Isaías, su corazón rebosante y la sinceridad de su oferta —«Aquí estoy. ¡Envíame a mí!»—, al visualizar la obra puesta delante de él, no pudo más que exclamar bruscamente: «¿Hasta cuándo, Señor?» (6:11).

En otras palabras: No estoy seguro de que podré hacerlo. Suena como algo que podría ser peligroso. Lo menos que me puede pasar es que este trabajo me convierta en alguien poco

popular, y probablemente pierda toda posición social que, de
otra forma, poseería. Tampoco es posible que obtenga mucho
dinero por esto, así que probablemente seré pobre. Pero lo
peor es que no puedo imaginarme lo mucho que me dolerá el
corazón al derramar mi vida para hablarles a otros acerca de ti
y no tener jamás una respuesta positiva, o que reciba el mensaje de manera personal o que se arrepienta permanente-
mente. Tal vez mis dones están en otras áreas, Señor. ¿Podría
intentar esto solamente por un rato...?

Debió escucharse un retumbante sonido de autoridad y
carácter definitivo al escucharse la voz del Señor responder a
la consulta de Isaías, pues Dios no dejó lugar a dudas respecto
a cuánto tiempo tenía que servir Isaías: «Hasta que las ciudades queden destruidas y sin habitante alguno; hasta que las
casas queden deshabitadas, y los campos, asolados y en ruinas;
hasta que el Señor haya enviado lejos a todo el pueblo, y el país
quede en total abandono» (6:11-12).

Se le ordenó a Isaías servir hasta que no tuviera más oportunidad de hacerlo, o hasta que llegara el juicio. Su servicio no
iba a ser un pasatiempo santo o un proyecto de corto plazo...
¡debía ser un estilo de vida!

El éxito del servicio de Isaías no estaría determinado por
el número de personas transformadas por él, sino por su fidelidad al obedecer al Señor.

En esa obediencia vendría el profundo sentido de satisfacción, realización y gozo que anheló, recompensas que hallaría
al vivir su vida para servir y agradar a Aquel que amó.

Isaías obedeció. Dada su tarea y considerando su devota
obediencia al cumplirla, no es de extrañar que se convirtiera
en uno de los más grandes profetas del Antiguo Testamento.

¿Qué tareas te ha asignado Dios? ¿Le pedirías que lo
hiciera? Yo sé que tiene una en mente para ti, porque él nos
dijo claramente, a través de las palabras del apóstol Pablo que
«somos hechura de Dios, creados en Cristo Jesús para buenas

obras, las cuales Dios dispuso de antemano a fin de que las pongamos en práctica».[13]

No eludas tu asignación porque parece faltarle toda oportunidad de éxito. No te pierdas tu asignación porque parece alto insignificante y pequeño.[14] La iglesia en Europa nació cuando Pablo le habló a un grupo de mujeres en la ribera de un río.[15] El tamaño y alcance de la tarea dependen de Dios, y la efectividad y el impacto perdurable de tu servicio también son la responsabilidad de Dios.[16] Tú y yo simplemente debemos estar fielmente disponibles... y ser obedientes.

Las tareas que Dios me ha asignado me han llevado mucho más allá de mi zona de seguridad. Aunque algunas de ellas comenzaron pequeñas y siguen siendo pequeñas, otras comenzaron pequeñas y han crecido mucho, mientras que otras comenzaron siendo grandes y han florecido para convertirse en tareas de gran envergadura.

Ha habido ocasiones en las que he discutido, me he resistido, he pospuesto y cuestionado, pero a final de cuentas siempre termino cediendo, porque él es mi Señor... lo he «visto»... y le amo. No le sirvo porque tengo que hacerlo. Le sirvo porque quiero hacer algo para él y, en el proceso de ser obediente, he llegado a conocerlo. Él «me ha dado a conocer el sendero de la vida. Me ha llenado con gozo en su presencia, con delicias eternas en su mano derecha».[17]

Con anhelo y entusiasmo, puse mis pies en movimiento. Quiero servirle a él todos los días de mi vida. Quiero estar consciente de su visión gloriosa para siempre. Ahora estoy buscando apasionadamente más de Jesús. Tomo la Cruz que aplasta el dominio del ego y amplía mi capacidad para recibir más. Anhelo...

mirar fijamente su faz visible,
escuchar su voz audible,
sentir su inequívoco toque,
convertirme en testigo de su gloria.

Mientras tanto, me rehúso a dormir un minuto más. Estoy despierta... con los ojos abiertos, con el corazón desgarrado, y con las rodillas dobladas mientras susurro así: «Sí... ¡Sí, Señor!... ¡Sí, Comandante!», luego levanto mi mano mientras muevo mis pies. «Estoy lista para el servicio. Envíame. Yo iré. Quiero permanecer *despierta para siempre*...»

OCHO

¡Quédate despierto!

No pierdas esa adorable sensación.

La historia de Carole

Mantener el fuego del avivamiento en mi vida ha requerido esfuerzo. Mi orgullo todavía parece ser el «agua» que amenaza con apagar el fuego dentro de mí. Pero el vistazo más de cerca al orgullo en mi vida cuando vi al Señor, hizo más fácil reconocer este pecado específico cuando hace sus intentos periódicos por reaparecer.

El año que desperté al hecho de que mi profesión había reemplazado a Jesús como mi «primer amor» me arrepentí de mi pecado y pedí al Señor que me ayudara a no volver otra vez a cometerlo. Tanto él como yo sabíamos que yo necesitaba un ancla divina, algo a lo cual aferrarme al primer aviso de que mi orgulloso «yo» estuviera resurgiendo.

El ancla que él me dio fue su Palabra. En especial los primeros once versículos de Filipenses 2. Como si se tratara de un magneto, he sido atraída a estas palabras que describen la humildad genuina: la humildad de Cristo. Este pasaje está subrayado y fechado en cada una de las Biblias que poseo. Está escrito en una nota autoadherible pegada al espejo de mi baño. Está escrito en el interior de la cubierta de mi diario de oración. Lo tengo memorizado en mi cerebro. Es la leña que me permite mantener ardiendo mi fuego interior.

En los cinco años pasados, y más de una vez, ... He leído cansada esos once versículos, palabra por palabra, en una habitación de algún hotel desolado y en algún país extranjero ... He orado con ellos durante mi tiempo devocional en casa, en la ciudad a veces solitaria a la que me mudé para trabajar de tiempo completo en este ministerio ... Me los he recitado en silencio antes de devolver una llamada a una agencia de contratación de ejecutivos que me ofreció un trabajo con un salario alto y la oportunidad de regresar al sendero profesional que dejé. He sentido que el Espíritu Santo trae el mensaje a mi mente para casi regañarme siempre que quiero volver atrás.

En otras palabras, las tentaciones y los desafíos han venido y se han ido. Pero cuando tuve una visión fresca del Señor, él rápidamente me mostró que guardar su Palabra como algo central en mi vida era mi única esperanza para jamás perder esa frescura. Realmente funciona. Su plan para mi vida es el único que yo sigo, y oro porque jamás vea esto de ninguna otra manera.

Reaviva el fuego.

¿Alguna vez has trabajado duro para hacer una fogata, solo para ver cómo se apaga? Aunque yo fui criada en una cabaña de troncos que tiene cinco chimeneas, nunca aprendí a encender un fuego que durara mucho tiempo. Una de esas chimeneas está en la recámara de mi madre. Cuando voy a su casa, invariablemente la encuentro sentada en su sillón acolchonado al lado de la ventana y con un fuego abrasador en el hogar de la chimenea. Mientras conversamos y convivimos, el fuego se va apagando, y ella con frecuencia me recuerda que «avive el fuego», o que «ponga otro leño» en él.

Tú y yo podemos responder a nuestra señal de alerta y experimentar el fuego emocionante del avivamiento personal pero, si descuidamos ese fuego, se apagará. Y no hay nada más deprimente que un corazón que se ha enfriado, congelando una vida que alguna vez conoció el calor embravecido de una relación personal y apasionada con Jesús. Un corazón que se ha enfriado no solo nos deja tristes a nosotros, también entristece a Dios. Aflige al Señor.

Hablando a la iglesia en Éfeso a través del apóstol Juan, Jesús explicó lo siguiente: «Conozco tus obras, tu duro trabajo y tu perseverancia. Sé que no puedes soportar a los malvados, y que has puesto a prueba a los que dicen ser apóstoles pero no lo son; y has descubierto que son falsos. Has perseverado y sufrido por mi nombre, sin desanimarte. Sin embargo, tengo en tu contra que has abandonado tu primer amor».[1]

Jesús te ama a ti y a mí, y él anhela ser amado —*realmente amado*— por nosotros, correspondiendo así a su amor.

Durante doce años fui la maestra de un estudio bíblico para quinientas mujeres en nuestra ciudad. Nunca dejé de asistir a una reunión. Durante ese tiempo, a través del estudio disciplinado de su Palabra, Dios me concedió un maravilloso amor por Jesús.

Al final de esos doce años, supe con absoluta certeza que Dios me llamó a dejar ese estudio para establecer un ministerio itinerante de enseñanza de la Biblia.

Dejé ese estudio y procedí a ir al mundo. Literalmente. Tres meses después estaba en Fiyi ayudando a dirigir un congreso para quinientos pastores que venían de otras islas a varias millas a la redonda.

Cinco meses después me econtraba en Brasil, dirigiendo otro congreso para aproximadamente mil quinientos pastores y evangelistas de todo el país, además de incluir en ese mismo tiempo un congreso para más de dos mil jóvenes. Entre Fiyi y Brasil, enseñé cada semana la Palabra en seminarios y congresos en los Estados Unidos.

Gradualmente me di cuenta de que me costaba trabajo tener un tiempo devocional, que mi corazón ya no parecía ser inspirado durante la adoración, y que no sentía ningún gozo verdadero, pero pensé que simplemente estaba cansada. Pensé que sufría de un desarreglo horario prolongado y de las consecuencias de los cambios de horario y comida.

Una mañana, durante mi tiempo devocional, leí Apocalipsis 2:1-7 y sentí en mi corazón que Jesús me habló: «Anne, yo *conozco* tus obras. Sé todo acerca de Fiyi y de las sesiones extra que te encargaron y que aceptaste por tu compromiso conmigo. Sé todo acerca de Brasil y las sesiones con mujeres que pusiste en tu agenda durante tu tiempo libre debido a que tienes un corazón inclinado a que otros conozcan mi Palabra. Yo *conozco* tu arduo trabajo y tu perseverancia. Yo *sé* que has sufrido privaciones en mi nombre y no te has cansado. Gracias, Anne, por todo lo que haces por servirme. Sin embargo, tengo algo contra ti: estás perdiendo tu amor por mí».

Cuando llegué a ese versículo, continué leyendo. ¡Sabía que no podía estarme hablando a mí! Después de todo, ¡me encontraba viajando alrededor del mundo enseñándole a otros cómo amarle a él! ¡*Seguramente* no me estaba hablando a mí!

¡Pero sí lo hizo! Él continuó atrayendo mi atención nuevamente a esos versículos hasta que finalmente escuché lo que él tenía que decir. Lo hubiera negado y discutido vehementemente, ¡excepto que quien me estaba hablando *era Jesús!* Y yo sabía que siempre que él habla, se trata de la verdad. Finalmente, la luz penetró mi falsa ilusión.

En lo muy profundo de mi corazón, reconocí que no estaba simplemente cansada; ¡yo *estaba* perdiendo mi amor por él! No puedo decirte lo devastadoramente dolorosa que me resultó esa revelación. Yo añoré amarle y pensé que lo hacía. Pero él no estaba de acuerdo conmigo.

Con lágrimas corriendo por mis mejillas, pregunté:

—Señor, ¿qué quieres que yo haga?

Él contestó con Apocalipsis 2:5:

—Recuerda de dónde has caído. *Recuerda cómo era amarme con todo tu corazón, mente, alma y fuerzas.*

Lo recordé. Ese amor era «el lugar en alto» de mi relación con Cristo. Y cuando lo perdí, fue un largo trecho en descenso.

Luego, todavía en el versículo 5, dijo:

—Arrepiéntete.

Arrepentirse significa deja de hacer algo: detenerse al ir en una dirección, darse la vuelta, e ir en la dirección opuesta. Dado que un «primer amor» es un amor emotivo, afectuoso y apasionado, y debido a que las emociones realmente no se pueden controlar ni dirigir, respondí:

—¿Cómo, Señor? Quiero arrepentirme de perder mi primer amor por ti, ya no quiero amarte sin emoción, afecto y pasión. Pero, ¿cómo? Estoy dispuesta a arrepentirme, pero no sé cómo.

Nuevamente, me habló con el versículo 5:

—Vuelve a practicar las obras que hacías al principio.

Y yo respondí:

—¿Qué cosas? ¿Las cosas que hice cuando nací de nuevo? ¿Las cosas que hice cuando comencé a servirte?

Y él parecía señalar dos «primeras cosas» que necesitaba volver a practicar. Articulado de una manera sencilla, las dos cosas eran la «leña» para el fuego del avivamiento que describiré en este capítulo: oración y lectura de la Biblia diariamente y de manera disciplinada. El fuego en mi corazón estaba consumiéndose de forma muy peligrosa porque no tenía suficiente combustible. Créeme, antes de que terminara ese día, ¡ya había añadido esa leña a mi fuego! En un lapso muy corto, se reanimó para convertirse en un crepitante incendio.

Tu fuego también se apagará si descuidas avivarlo y dejas de poner leña en él.

Así que... ¡reaviva el fuego! Acompáñame mientras trabajamos juntos en este último capítulo; yo te mostraré de qué forma. Las dos disciplinas espirituales que te enseñaré en este capítulo están diseñadas para ayudarte a mantener el fuego del avivamiento en tu vida. No las descuides ni las ignores, ¡o el fuego se apagará! La Biblia dice que «avives la llama del don de Dios».[2] Ese don es el Espíritu Santo, quien es el fuego de Dios, ¡que enciende nuestra relación personal, permanente apasionada con Jesús!

Me he percatado de que cuando respondo a la solicitud de mi madre para «avivar el fuego», cuando muevo la leña para voltear un tronco o cuando soplo sobre él, el fuego se enciende brevemente, pero luego se apaga si no añado un tronco. Y si añado un tronco, el fuego se enciende y se consume muy bien. Pero si añado dos troncos, el fuego comienza a chasquear y crecer, y pronto hay un fuego abrasador que se convierte en una fuente de luz y calor para la habitación entera. De la misma manera, para que se encienda el avivamiento personal, crezca, e incluso se convierta en un fuego abrasador permanente en tu corazón, afectándote no solo a ti sino a los que te rodean, añade al fuego no un tronco sino dos...

El primer tronco para el fuego del avivamiento: Habla con él

¿Qué tipo de año, mes o semana tuviste? ¿Fue...

físicamente agobiante?

emocionalmente restrictivo?

de desgaste espiritual?

socialmente deprimente?

devastador en cuanto a las relaciones personales?

desalentador en cuanto a lo profesional?

en cuanto a lo financiero, todo un desafío?

¿Lo único que anhelas es sentarte a platicar de ello con alguien? ¿Alguien que sea sabio, a quien le interese, y que escuche con atención? ¿Alguien que sea íntegro, y que sepa guardar un secreto? ¿Alguien que no sonría con satisfacción por causa de tu torpeza o ignorancia sino que realmente te ame mientras te escucha pacientemente?

Hay ocasiones en las que mi corazón me duele por contar con alguien a quien pueda platicarle de mí ... y de ellos ... y de esto ... y de ti. Así que me hago tiempo para estar sola, me acurruco en mi sillón favorito cerca del fuego, e imagino que Jesús está sentado en una silla frente a mí. Y sencillamente converso con él ... ese es el privilegio al que le llamamos «oración».

Durante los próximos minutos, juntos, ¿qué te parece si conversamos con él?

Te guiaré despacio, utilizando un patrón que puedes utilizar en tus tiempos subsecuentes de oración. Los subtítulos que siguen te dirigen a través de un patrón de oración, y espero que ores conmigo durante toda esta sección entera para que puedas tener la rica bendición de nuestro tiempo juntos. Yo iniciaré la conversación para facilitarte el proceso, pero no dudes en «interrumpirme» cuando quieras decir algo. Y voy a recordar las letras de algunos himnos conocidos para ayudarnos a articular nuestros pensamientos.

Iniciaremos adorando a Dios, lo que nos conducirá, al igual que a Isaías, a la confesión de nuestro pecado, un intercambio privado entre Dios y tú. Luego un tiempo de confesión, creo que mi corazón explotaría si no pudiera expresar mi alabanza por todo lo que él ha hecho, así que luego le agradeceremos juntos a él. Luego expresaremos nuestras peticiones por otros y por nosotros mismos.

Nunca dejo de sorprenderme de que Jesús nos invite a ti y a mí, como sus hijos y en su nombre...

     a acercarnos a la presencia de su Padre,
     a arrastrarnos hasta su regazo por medio de la fe,
     a apoyar nuestra cabeza sobre su hombro de fortaleza,
     a sentir sus brazos amorosos y protectores a nuestro
          alrededor,
     y a derramar en él nuestros corazones.

Siendo el único hijo de Dios, Jesús aprovechó este mismo privilegio de la oración. Su corazón también debió anhelar la conversación con su Padre celestial. Él también necesitó de Alguien que le amara y escuchara, Alguien a quien confiarle sus pensamientos y sentimientos más profundos. Alguien que jamás lo traicionaría o negaría, lo cual es una razón por la que oró cuando no había una razón en especial para orar,[3] excepto que sencillamente él tenía deseos de hablar.

Así que él...

oró en privado,

oró en público,

oró solo,

oró con amigos,

oró con multitudes...

oró de pie,

oró sentado,

oró de rodillas,

oró sobre su rostro...

oró temprano en la mañana,

oró entrada la noche,

oró durante el día,

oró toda la noche.

¡Jesús oró! Le encantaba conversar con su Padre.

A mí me encanta conversar con él también. Eso es lo que haremos al añadir este «tronco» a nuestro fuego de avivamiento.

Ayúdame a estar quieto

¿Alguna vez tuviste la oportunidad de conversar con alguien con quien morías por conversar y, cuando tienes la oportunidad, no sabes qué decir?

Eso me ha pasado muchas, muchas veces al orar. Es asombroso: ¿cómo es posible que ame tanto a Dios y anhele hablar con él de tal forma y, sin embargo, no pueda articular palabra en su presencia?

Me pregunto si eso será una señal de que *estoy* en su presencia... ¿Será que él me invita a estar simplemente en silencio por unos momentos... para estar quieta, como lo sugiere la letra de este antiguo himno?:

Querido Señor y Padre de la humanidad,
¡Perdona nuestros malos caminos!
Revístenos con una mente justa;
Que en vidas más puras tu servicio encuentre
Alabanza en profunda reverencia.

...

Deja caer tus tranquilos rocíos de quietud
Hasta que cesen todas nuestras luchas;
Aleja de nuestras almas toda tensión,
Y que nuestras vidas ordenadas sean testimonio
De la belleza de tu paz.

Sopla sobre el calor de nuestro deseo
Tu frescura y tu bálsamo;
Que los sentidos se adormezcan y que la carne se
      retire;

Habla a través del terremoto, del viento y del fuego,
      Oh, pequeña y tranquila voz de la calma.[4]

Permanece quieto, como lo describen las palabras de esta
      poética oración:

Sentado en el silencio de esta silenciosa habitación,
      contigo,
Estoy listo y ansioso de que me indiques qué hacer,
Me deleito en tu presencia, escucho los susurros de tu
      gracia,
Quebrantado por la luz de amor en tus ojos y en tu
      rostro.
Así que calla, alma mía, y escucha; deja de moverte;
      quédate quieta...
Alista todos mis sentidos para discernir su perfecta
      voluntad.

Conociendo tu dirección en el claro aire del Espíritu,
Agradecido en la quietud, de este invaluable don de la
oración.[5]

En el ritmo frenético de un día típico en mi vida, toma tiempo estar quieta en su presencia. De hecho, uno de los secretos para abrir la boca de modo que se dé una conversación significativa con Dios es simplemente el tiempo: tiempo cuando no tengo una fecha límite a la vista; o un reloj que ver; o el siguiente punto en mi agenda. Toma tiempo fijar mi mente en el Eterno y solo adorarle por quien él es, mientras comienza mi oración...

Te adoro

Te adoro, Jesús, Señor de la gloria...

por dejar el salón del trono en el cielo,

por humillarte a ti mismo al tomar forma
humana

por dar tu vida en rescate por la mía...

para que mis pecados fuesen perdonados,

para que tuviera una relación correcta con tu Padre,

y que pudiera entrar en su presencia,

y que pudiera conversar ahora contigo.

Te adoro, Jesús, Señor de la gloria,

como el León de Judá que reina,

como el Cordero de Dios que redime,

como el Hijo del Hombre que sufrió,

y el Hijo de Dios que salva.

Te adoro por:

_____.

Llena la línea blanca con tus propias palabras. No te preocupes. La oración no es una presentación o un espectáculo. No es algo que haces para demostrar a otras personas tu nivel de espiritualidad. Tus palabras no tienen que ser elocuentes, solo sinceras...

Adorémosle juntos.

Utilicemos las palabras de este majestuoso y antiguo himno como guía:

Santo, Santo, Santo
¡Señor Dios Omnipotente!
Temprano en la mañana mi canto a ti se levantará:
¡Santo, Santo, Santo! ¡Misericordioso y poderoso!
Dios en Tres Personas, ¡bendita Trinidad!

¡Santo, Santo, Santo!
Todos los santos te adoran,
Echando sus coronas doradas alrededor del mar de
    cristal;
Querubines y serafines se inclinan ante ti,
Ante ti, que has sido, que eres y serás.

¡Santo, Santo, Santo!
Aunque la oscuridad te oculte,
Aunque el ojo de un humano pecador no pueda ver tu
    gloria,
¡Solo tú eres Santo! Nadie está a tu lado
Perfecto en poder, en amor y pureza.

¡Santo, Santo, Santo!
¡Señor Dios Omnipotente!
Toda tu creación alabará tu nombre en cielo, tierra y
    mar;
¡Santo, Santo, Santo! ¡Misericordioso y poderoso!
Dios en Tres Personas, ¡bendita Trinidad![6]

Lo lamento

Ahora necesitamos confesar nuestro pecado. Sé que él ya lo sabe todo. Pero también sabe que tú y yo necesitamos expresar que lo lamentamos y pedir que nos limpie para que estemos seguros de que no hay barreras en nuestra relación con él.

Señor resucitado,

Te adoramos por tu santidad. Estás sentado en el trono del centro del universo, excelso, sublime, las orlas de tu manto llenan todo lo que hay, y tú eres santo, santo, santo.

Dijiste a través de Isaías que no eres un Dios extraño entre nosotros:[7] *tú eres el Dios de la Creación, el Dios de Abraham, Isaac y Jacob, el Dios que se hizo carne y habitó entre nosotros por un tiempo, lleno de gracia y de verdad.*[8]

Estamos abrumados: eres tan grande, y nosotros somos nada. Te coronamos como Rey de nuestros corazones y te pedimos que tomes el trono de nuestro corazón. ¡Ay de mí!

Y ahora, ¿me disculpas mientras oro por mi cuenta? Te invito a que escuches mi confesión, pero yo expongo estos pecados como solamente míos:

Amado Padre Dios,

A la luz de quien eres tú, me puedo ver como alguien sin esperanza, desamparada, como una pecadora perdida, no mejor que aquellos que pecan descaradamente y cuyo pecado critico todos los días. Puedo recordar el testimonio de Isaías:

«El año de la muerte del rey Uzías, vi al Señor excelso y sublime, sentado en un trono; las orlas de su manto llenaban el templo. Por encima de él había serafines, cada uno de los cuales tenía seis alas: con dos de ellas se cubrían el rostro, con dos se cubrían los pies, y con dos volaban. Y se decían el uno al otro: "Santo, santo, santo es el Señor Todopoderoso; toda la tierra está llena de su gloria".

Al sonido de sus voces, se estremecieron los umbrales de las puertas y el templo se llenó de humo. Entonces grité: "¡Ay de mí, que estoy perdido! Soy un hombre de labios impuros y vivo en medio de un pueblo de labios blasfemos, ¡y no obstante mis ojos han visto al Rey, al Señor Todopoderoso!"».[9]

Al reflexionar en la experiencia de Isaías, el pecado viene a mi mente. Mi pecado. Pecado que yo no sabía que estaba allí, encubierto en las grietas oscuras de mi alma. Pecado que he ignorado al barrerlo bajo la alfombra de mis pensamientos. Pecado que he defendido usando una excusa tras otra. Pecado que sella tus labios y ensordece tus oídos... de mí.[10] Y lo peor de todo es que mi pecado —hasta el menos visible— es infinito en su maldad y culpa que demandó tu sangre, Dios encarnado, ¡para su expiación! ¿Cómo podría juguetear o tolerar precisamente aquello que te clavó a la Cruz?

Estoy harta y cansada de mentirme a mí misma, y de mentirte a ti, al afirmar que no hay pecado en mi vida.[11] Por eso, amado Padre, escucha a tu hija confesar su pecado. No tengo otra alternativa sino confesar que no quiero otra alternativa. Quiero deshacerme de todos los trapos de inmundicia que obstruyen mis arterias espirituales y que opacan el gozo de tu rostro. Bajo la penetrante luz de tu santidad, nombraré mi pecado por lo que es. No trataré de engañar más con las etiquetas que le pongo para hacerlo parecer menos que pecado.[12]

Misericordioso Dios del cielo, confieso que...

> mi falta de oración es orgullo, pues sugiere que me
> parece que puedo hacer lo que sea sin depen-
> der totalmente de ti...
>
> mi exageración es mentir, pues infla y distorsiona la
> verdad para hacer que suene más impac-
> tante...
>
> mi preocupación es incredulidad, pues me preocupo
> por causa de las cosas en vez de confiar com-
> pletamente en ti, aun cuando no entienda el
> por qué de todo...
>
> mi chismorreo es robar, pues le roba a otra persona
> su reputación...

¿Mi oración confesional te está ayudando a ti con la tuya? Eso espero. Solo asegúrate de que no haya pecado entre el

Padre y tu persona, lo cual te roba la dulzura de deleitarte en su presencia. Es posible que quieras referirte a las páginas 117 a 119 para refrescar tu memoria en la lista de pecados que se mencionan ahí como una forma de autoexaminarte.

Al igual que yo, si has estado al pie de la Cruz y has recibido a Jesús como tu Salvador y Señor, entonces estás perdonado. Pero el pecado es una presencia constante en nuestras vidas, y para poder mantener abierto un canal de comunicación con el Padre, necesitamos confesar los errores y pecados que hemos cometido.

Así que adelante. Ahora eres tú quien va a orar. Por obvias razones, no te escucharé. Esta clase de oración es muy privada. Es posible que quieras escribir en una hoja de papel los pecados que nombraste. (Si eres como yo, ¡necesitarás varias hojas de papel!).

Luego, dado que los cometiste uno por uno, cuando ores, asegúrate de nombrarlos uno por uno. Y recuerda también... confesar tu propio pecado y no el de alguien más. Te ayudaré a comenzar: *Misericordioso Salvador, Espíritu Santo, confieso que yo*

_____.

Cuando termines tu confesión, toma el papel en el que registraste tus pecados por los nombres que Dios le da a cada uno, luego quémalo o rómpelo. Ahora, meditemos juntos en las siguientes palabras...

> Hay una fuente llena de la sangre
> Emanada de las venas de Emmanuel,
> Y los pecadores que están bajo ese torrente
> Quedan limpios de toda mancha de culpabilidad.
> El moribundo ladrón se gozó en ver
> Esa fuente durante su vida;
> Que ahí yo pueda, aunque sea vil igual que él,
> Todos mis pecados limpiar.[13]

Para ser honesta, aún después de confesar mi pecado, en ocasiones tengo problema en perdonarme a mí misma y olvidarme de él. Suele perseguirme a través del pesar y el remordimiento. Por malas experiencias he aprendido que la autoflagelación puede ser inspirada por el diablo. Así que ahora, cuando Satanás viene a recordarme que soy una debilucha al orar, yo le digo: *Sí, lo he sido. Pero llevé mi falta de oración y mi orgullo a la Cruz, y ahora sé que mi pecado fue perdonado y mi culpa fue expiada.*

    ¿Qué pecado está tratando de recordarte Satanás? ¿La mentira, el adulterio, el aborto, los celos, la amargura, el resentimiento, la falta de perdón, el abuso de niños y el abuso sexual? ¿La ingratitud, la falta de oración, el orgullo, la superficialidad, la hipocresía o un espíritu de crítica?

    Cuando Satanás venga a recordarte tu pecado, recuérdale que tu pecado fue perdonado y tu culpa fue expiada, ¡en la Cruz! Fue cubierto por la sangre de Jesús, ¡y tú ya no lo tienes! Cuando Satanás trate de hurgar en tu pasado que ya está perdonado, ve a un quieto lugar de oración y reflexiona en las palabras de otro viejo himno:

> Aunque Satanás me abofetee, aunque las pruebas
>   vengan sobre mí,
> Que esta bendita seguridad tome el control de todo:
> Cristo consideró mi desamparo,
> Y derramó su propia sangre a favor de mi alma.
>
> Mi alma está bien,
> Mi alma está bien,
> Mi alma, mi alma, está bien.
>
> Oh, qué bendición trae este glorioso pensamiento: Mi
>   pecado,
> Mi pecado, no en parte sino en su totalidad,
> Fue clavado en la cruz, ya no está conmigo,
> Alaba al Señor, alaba al Señor, ¡oh, alma mía![14]

Te agradezco

A pesar de todas las promesas y recordatorios, en algunas ocasiones las manchas de mi pecado parecen tan repugnantes y el don de su gracia parece tan extravagante que apenas puedo creer que nos la otorgue a los pecadores perdidos de forma tan gratuita. Pero él lo hace. Su palabra nos dice: «Si confesamos nuestros pecados, Dios, que es fiel y justo, nos los perdonará y nos limpiará de toda maldad».[15] Aún así, en ocasiones llego a preguntar: *Señor, ¿te escuchamos bien? ¿Dijiste toda maldad? ¿Te refieres a todo mi pecado pasado, presente y futuro? Aun si se trata del pecado que considero pequeño e insignificante, como el chismorreo; o de tamaño medio, como perder la calma; o muy grandes, como el asesinato, el adulterio y el robo? ¿Realmente quisiste decir que todo mi pecado está perdonado?*

Luego le escucho susurrar en mi corazón. Pon atención, y es posible que lo escuches también: «Anne, la sangre de Jesús... te purifica de todo pecado. ... En él tienes redención a través de su sangre, el perdón de pecados, de acuerdo a las riquezas de la gracia de Dios. ... Porque es imposible que la sangre de los toros y los carneros limpie nuestros pecados. ... Cristo vino al mundo. ... Dios te ha santificado a través el sacrificio del cuerpo de Jesucristo una vez y para siempre. ... El Espíritu Santo te da testimonio de esto. ... Ya no recordaré más tus pecados y tus actos anárquicos».[16]

Al escuchar estas cosas en mi corazón, clamo al cielo en gratitud: *¡Gracias! ¡Gracias! ¡Gracias, amado Jesús, por limpiarme y purificarme por medio de tu sangre! Por lo que dice tu Palabra, sé que estoy limpio y que estoy perdonado. Amén.*

¡Vaya! Me siento mejor. ¡Como si hubiera tomado una ducha después de una sesión extenuante de ejercicio! Ahora... *ahora* estoy finalmente lista para hablar *realmente* con él. Y tengo la impresión de que él está esperando, escuchando, invitando gentilmente: *Por tanto, Anne, ya que tienes confianza para entrar al Lugar Santísimo por medio de la sangre de Jesús, por el camino nuevo y vivo que se abrió para ti a través del velo, esto es, su cuerpo, y dado que tienes un sumo sacerdote sobre la casa de Dios, acércate a Dios con un corazón sincero y llena de confianza y fe, luego de que tu corazón fue rociado para limpiarte y eliminar una consciencia de culpabilidad.*[17]

¿Cómo podría alguien vivir un día más, una hora más, un momento más...

sin eliminar la carga de una consciencia culpable?

sin sentirse limpio y perdonado?

sin tener la seguridad de estar bien con Dios?

sin saber que va al cielo?

sin tener paz en vez de temor?

sin ser íntimamente conocido e incondicionalmente amado?

sin reemplazar la rutina irrelevante con un sentido de propósito?

¿Cómo podría alguien, en cualquier lugar, vivir sin Jesús?

Jesús, por favor...

Honestamente no puedo imaginar mi vida sin tener a Jesús en el mismísimo centro de mi ser. Sin embargo, hay muchos que *viven* sin él. Y él nos llama a llevarles el evangelio. Así que conversemos con él acerca de ellos. Tengo la marcada impresión de que ellos están también en su mente.

Bendice a los perdidos

¿A quién conoces que no cree en Dios? O que cree que Jesús es un buen hombre, y quizá un gran profeta, pero que no cree que es el único Hijo de Dios. O que cree que hay muchos caminos para llegar a Dios, y que Jesús es uno de ellos. ¿A cuánta gente conoces que cree que, cuando lleguen al cielo, si sus buenas obras son más que las malas, Dios los dejará entrar porque se lo merecen?

Hagamos una lista de las personas a quienes conocemos y que no han recibido nunca a Jesús por medio de la fe como su Señor y Salvador personal, para que podamos recordar específicamente orar por cada una de ellas. Escribe la fecha de hoy al lado de cada nombre para que recuerdes cuándo comenzaste a orar por él o ella. Deja un espacio en donde puedas escribir la fecha en la que Dios responda tu oración por la salvación de esa persona. Y ahora oremos por ellos:

Amigo de los pecadores:

Por favor ofrece tu amistad a estas personas [escribe sus nombres]:

——————————————————————————————.

Sabiendo que nadie puede venir a ti «si no lo atrae el Padre»,[18] *te pedimos que envíes al Espíritu Santo a que se pose sobre sus mentes y corazones para atraerlos sin resistencia hacia ti. Pon en su camino a personas que amen a Jesús y que vivan transparentemente vidas que demanden una explicación por su...*

> *victoria sobre la adversidad,*
> *paz en medio de su confusión,*
> *bondad frente a la maldad,*
> *amor que desactiva el odio,*
> *blanda respuesta que quita la ira.*

Haz que estén tan intrigados por el testimonio de tus siervos que puedan reconocerte y buscarte. Abre sus ojos y sus oídos a las cosas espirituales, ya provengan de un amigo o de un colaborador, la radio o la televisión, las revistas o los libros o cualquier otro material impreso. ¡Sencillamente capta su atención! Llévalos al punto de reconocer que tienen necesidad de ti. Y cuando lo hagan, por favor, amado Jesús, haz que alguien, en algún lugar y de alguna forma, solo les den a Jesús... ¡y las gloriosas buenas noticias del evangelio! Amén.

Cierto día, cuando oraba por quienes no conocen a Jesús, vino a mi mente un grupo entero de personas.[19] Personas en otros países que jamás han escuchado que «tanto amó Dios al mundo, que dio a su Hijo unigénito, para que todo el que cree en él no se pierda, sino que tenga vida eterna».[20]

¿Podemos orar juntos otra vez?

> *Señor de las naciones,*
>
> *Eres el gran Dios de la Creación que ordenó «¡Que exista la luz!» ¡Y la luz llegó a existir![21] Ahora pedimos que hagas que la luz de tu verdad brille en los corazones de los que viven en los lugares oscuros alrededor del mundo, y que les des la luz del conocimiento de Jesucristo. Envía tu luz a través de Internet, a través de los libros, a través de tratados y a través de hombres y mujeres fieles que dejen la comodidad de sus propios países para predicar y enseñar el evangelio en tierras lejanas. Oh, Dios, el juicio se aproxima y el infierno sigue llenándose, así que oramos, por favor, que hagas que el evangelio sea predicado «en todo el mundo como testimonio a todas las naciones», antes de que venga el fin para ellos en lo particular, o antes de que llegue a su fin la historia de la humanidad.[22] Para la gloria de tu nombre, amén.*

Simplemente me encanta estar aquí con él, ¿y a ti? Hay muchas cosas en momento que quiero contarle: cosas difíciles y cosas agradables también. Es especialmente cómodo poder llevar a él en oración mis preocupaciones por mis amigos y mis seres queridos que están enfrentando desafíos y estancados en problemas...

Bendice a los que sufren

Hay mucha gente que sufre a nuestro alrededor. En cuanto a mí, siempre parece haber una persona (¡o más!) que está sufriendo.. que está enferma... que está sin Cristo... que está en peligro... que es débil... o que está bajo enorme presión o estrés. ¿Conoces a alguien así? Ahora mismo quisiera conversar con él acerca de mi amiga, cuya hermana falleció inesperadamente:

Jesús, tú sabes que la hermana de mi amiga fue para ella como su madre. Su hermana ayudó a criarla. Su ausencia debe ser algo terrible, aun cuando todos sabemos que está contigo.

Por favor consuela a mi amiga. Ayúdale estar más consciente de tu presencia que de la ausencia de su hermana.

O tal vez eres *tú* quien está sufriendo.

Lamento mucho si es que fui insensible al no darme cuenta de que podría ser *tu* corazón el que está adolorido o *tu* cuerpo es el que está quebrantado.

Frente a frente, no estoy muy segura respecto a qué decirte. Temo que pueda decir algo que no es correcto.

Así que, en vez de eso, ¿puedo sencillamente darte a Jesús? Él nos invita: «Vengan a mí todos ustedes que están cansados y agobiados, y yo les daré descanso».[23]

¿Quisieras acercarte a él ahora? Él promete que «No acabará de romper la caña quebrada, ni apagará la mecha que apenas arde. Con fidelidad hará justicia».[24]

Él es tierno y gentil con quienes experimentan dolor porque él entiende lo que se siente que algo duela. De hecho, anunció lo siguiente a través de Isaías:

El Espíritu del Señor omnipotente está sobre mí, por cuanto me ha ungido para anunciar buenas nuevas a los pobres. Me ha enviado a sanar los corazones heridos, a proclamar liberación a los cautivos y libertad a los prisioneros, a pregonar el año del favor del Señor y el día de la venganza de nuestro Dios, a consolar a todos los que están de duelo, y a confortar a los dolientes de Sión.

Me ha enviado a darles una corona en vez de cenizas, aceite de alegría en vez de luto, traje de fiesta en vez de espíritu de desaliento. Serán llamados robles de justicia, plantío del Señor, para mostrar su gloria.[25]

Así que adelante, derrama tu corazón a él: «Encomienda al Señor tus afanes, y él te sostendrá».[26] No me es posible conocer los desafíos que estás enfrentando ahora, pero sea cual sea, llévalos a Jesús en oración y confía en que él te sostendrá con sus promesas. Puedes ofrecer tus cargas con palabras como estas:

Tierno Pastor,

Traigo ante ti mi corazón adolorido y mi cuerpo quebrantado. Te entrego mis preocupaciones por mi abatido cónyuge, mi hijo con problemas, mi débil padre, mi estresante trabajo y mi billetera vacía. Por favor, amado Jesús, sana mi corazón quebrantado y líbrame de la prisión de la preocupación. Estoy haciendo todo lo que puedo acerca de estas preocupaciones, Señor, pero eso no es suficiente. Por eso te las entrego, confiando en que tú me sustentarás. Te agradezco que me hayas prometido calmar mi dolor con el bálsamo del gozo, y que reemplazarás mi espíritu desesperado con un manto de alabanza. En tu fortaleza, no en la mía, oro por ser un roble de justicia que permanezca fuerte en medio de este torbellino de problemas, de modo que se despliegue el esplendor de tu gracia, el amor, la fortaleza y la suficiencia. Amén.[27]

Reflexiona en la imagen de levantar tus cargas y colocarlas en los brazos eternos del Pastor. Deja que las siguientes palabras se posen sobre ti como «rocíos de quietud hasta que cesen todas tus luchas; aleja de tu alma toda tensión, y que tu vida ordenada sea testimonio de la belleza de su paz».[28]

Escucha el dulce canto de su Espíritu en tu corazón...

> Permanece quieta, alma mía:
> El Señor está a tu lado;
> Soporta con paciencia la cruz de dolor o pena.
> Deja que tu Dios ordene y provea;
> En cada cambio él permanecerá fiel.
> Permanece quieta, alma mía: tu Amigo celestial, y el
>   mejor,

A través de senderos de espinas te guía a un final
    gozoso.

Permanece quieta, alma mía:
Tu Dios promete
Guiar el futuro como ha guiado el pasado.
Que nada sacuda a tu esperanza y tu confianza;
Todo lo que hoy es un misterio al final brillará.
Permanece quieta, alma mía: las olas y los vientos
    todavía conocen
Su voz, que los gobernó mientras habitó en la tierra.

Permanece quieta, alma mía:
La hora viene pronto
En la que estaremos para siempre con el Señor,
Cuando la desilusión, el dolor y el temor terminarán,
Cuando la pena se olvidará y el más puro gozo del
    amor se restaurará.
Permanece quieta, alma mía: cuando el cambio y las
    lágrimas hayan pasado,
Todos seguros y bendecidos nos veremos al final.[29]

Habla con tu Padre celestial, quien te ama. Y recuerda que
un día él pondrá tu rostro entre sus manos y enjugará cada una
de tus lágrimas... ¡para siempre![30]

Bendice a nuestras familias y a nuestros amigos

Ahora conversemos con él respecto a nuestras familias. Mi
familia nunca está deja de tener un lugar primordial en mis
pensamientos, y hoy oro así...

*Jesús, ¿podrías reestablecer la salud de mis nietecitas? Contrajeron
la terrible gripe. Y dale a mi hija la fuerza y la paciencia mientras las
cuida, ¡ella también tiene gripe! Por favor guarda a mi esposo mientras viaja, y cuida a mis otros hijos también. Bendice a mis yernos...*

a mis preciosos padres... a mis hermanos y hermanas, y a sus familias... a la familia de mi esposo... Gracias, Señor, por guardar a todos mis seres queridos bajo tu cuidado...

Esto me podría tomar un buen rato. ¡Tengo una familia bien grande! De hecho, tengo tanta familia, y tantos amigos, y tantos colaboradores, estoy involucrada con tantas organizaciones que me es necesario hacer una lista. La conservo en un cuaderno negro que tiene un separador para cada día de la semana. (Solía usar una caja para tarjetas, semejante a una caja de recetas de cocina, con separadores para cada día de la semana, pero era demasiado voluminosa como para viajar con ella).

Al dividir a mi familia y mis amigos en una lista semanal, no tengo que llevar la carga de hablarle de todo y de todos, ¡todos los días! Eso me tomaría horas.

¿Te gustaría saber cómo tengo dividida mi lista? Oro por mis familiares cercanos todos los días, pero...

El lunes oro por los miembros de mi equipo y del equipo ministerial;

El martes oro por mi iglesia, los misioneros y las organizaciones con las que estoy involucrada, tales como editoriales, consejos directivos y otras;

El miércoles oro por los organizadores de las próximas reuniones en donde yo estaré ofreciendo conferencias;

El jueves oro por los miembros de mi propio equipo de oración;

El viernes oro por mi familia política;

El sábado oro por mis amigos; y

El domingo, ¡recapitulo la semana y alabo a Dios por todo lo que ha hecho al responder a la oración!

Es posible que la forma en la que dividí mi lista no sea práctica para ti, pero pienso en el tipo de grupos de oración que te podrían ser de utilidad. ¿Cómo dividirás *tu* lista? Adelante. Hazlo ahora que todavía la tienes en mente.

Algo que parece ayudarme verdaderamente a saber cómo hablar con Jesús más específicamente acerca de los demás es pedirle a la persona por la que estoy orando me indique por qué él o ella *quiere* que ore. Cuando la persona me da una solicitud específica, la escribo en mi cuaderno negro. Si no es posible saber cuáles son los motivos de oración, cuando leo mi Biblia, simplemente extraigo una frase o un versículo de ella y eso es lo que oro a favor de la persona o de la organización.

En ocasiones ni siquiera conozco a las personas por las que estoy orando, pero eso no importa. Dios los conoce, y ¡él sabe cómo encontrarlos! De hecho, esta misma semana, el domingo por la mañana, oré la oración de Pablo *por ti*:

Sigo pidiendo que el Dios de nuestro Señor Jesucristo, el Padre glorioso, te dé el Espíritu de sabiduría y revelación, de modo que le puedas conocer mejor. También oro por que los ojos de tu corazón sea iluminado de modo que puedas conocer la esperanza a la que fuiste llamado, las riquezas de su herencia gloriosa en los santos, y su grande e incomparable poder para que creamos...

Oro por que sus gloriosas riquezas te puedan fortalecer con poder a través de su Espíritu en lo más profundo de tu ser, de modo que Cristo pueda habitar en tu corazón a través de la fe. Y oro porque tú, teniendo tus raíces y estando establecido en amor, puedas tener poder, junto con todos los santos, para comprender cuán ancho, largo, alto y profundo es el amor de Cristo, y que conozcas este amor que sobrepasa todo conocimiento; que seas lleno con la medida de la plenitud de Dios...

Por esta razón, desde el día que supe de ti [y oré porque este libro cayera en tus manos], no he dejado de orar por ti y pedirle a Dios que te llene con el conocimiento de su voluntad por medio de toda sabiduría y entendimiento espiritual. Y oro esto de modo que puedas vivir una vida digna del Señor y que le agrades en todo: llevando fruto en toda buena obra, creciendo en el conocimiento de Dios, siendo fortalecido con todo poder de acuerdo a su gloriosa fuerza para que tengas gran resistencia y paciencia, y des gracias con gozo al Padre, quien te ha tenido por digno para compartir la herencia de los santos en el reino de luz.[31] *En el nombre de Jesús, Amén.*

Disculpa que me haya extendido, pero te agradezco por dejarme orar por ti. ¿Orarías también por mí? Sería un honor para mí que me incluyeras en alguna parte de tu lista semanal de oración.[32]

Bendice a la iglesia

Cuando oramos por los amigos y la familia, no puedo dejar de pensar en nuestra familia ampliada: la familia de Dios a la que llamamos iglesia. Muchos de nuestros hermanos y hermanas cristianos en la iglesia en todo el mundo sufren por causa de Jesús y pagan el precio máximo por su fe en él.

Mis oraciones por estos valientes cristianos se inspiran en las extraordinarias palabras de los cristianos del primer siglo cuando enfrentaron una violenta persecución. Ellos no oraron por ser liberados; oraron por que el Señor considerara «sus amenazas y conced[iera] a [s]us siervos el proclamar tu palabra sin temor alguno».[33] Y es mi oración por la iglesia perseguida en todo el mundo, mientras que al mismo tiempo me aferro a la propia oración del Señor a su Padre e imploro que los libre el mal.[34]

La iglesia alrededor del mundo parece hacer muchas cosas por Jesús, aunque parece que tiene muy pocos recursos y educación. La iglesia en el hemisferio occidental, por otro lado, parece hacer muy poco por Jesús al tiempo que tiene muchos recursos y educación. En ocasiones, pienso que nuestras iglesias tienen un kilómetro de ancho en conocimiento, pero solo un centímetro de profundidad en verdadero entendimiento y discipulado. Hemos sido bendecidos de tantas formas y, sin embargo, necesitamos desesperadamente un toque fresco de parte de Dios.

Tomé de las palabras de Daniel, el profeta, cuando oró por Jerusalén, para usarlas en mi propia oración por nuestras iglesias:

Y ahora, Dios y Señor nuestro, escucha las oraciones y súplicas de este siervo tuyo. Haz honor a tu nombre y mira con amor a tu santuario, que ha quedado desolado. Préstanos oído, Dios nuestro; abre los ojos y mira nuestra desolación y la ciudad sobre la cual se invoca tu nombre. Al hacerte estas peticiones, no apelamos a nuestra rectitud sino a tu gran misericordia. ¡Señor, escúchanos! ¡Señor, perdónanos! ¡Señor, atiéndenos y actúa! Dios mío, haz honor a tu nombre y no tardes más; ¡tu nombre se invoca sobre tu [iglesia] y sobre tu pueblo![35]

¿A qué iglesia asistes? ¿Cuántas personas son guiadas a su fe en Cristo cada semana? ¿Cada mes? ¿Cada año? ¿Alguno? ¿Se reconcilian matrimonios y sanan las relaciones personales? *¿No?* ¿La palabra de Dios se predica con poder desde el púlpito? *¿Alguna vez?* ¿El evangelio es algo central a cada programa y actividad? (Eso no es lo mismo que ofrecer una clase optativa acerca de cómo presentar las cuatro leyes espirituales). ¿Cuántas personas asisten a la reunión de oración? ¿Que qué es eso? *¿Ni siquiera tienen* una reunión de oración regular en tu iglesia?

Creo que necesitamos conversar con Jesús acerca de nuestras iglesias.

Jesús, ¡ayúdanos! Envía una señal de alerta y luego derrama tu Espíritu sobre tu pueblo una vez más. Llévanos otra vez a todos a los pies de la Cruz.

Convéncenos de pecado para que nos arrepintamos y seamos limpiados con tu sangre. Concédenos iglesias cuyos púlpitos y bancas estén llenos de émulos de Isaías, cristianos llenos del fuego tuyo cuyo conocimiento de ti haya descendido cuarenta y seis centímetros, desde sus cabezas hasta sus corazones.

Pedimos que levantes a pastores piadosos que nos prediquen, a hombres piadosos que nos dirijan, a congregaciones piadosas que te amen y se amen unos a otros. Llama a una iglesias que no simplemente parezca piadosa sino que posea poder verdadero para transformar vidas,[36] *demostrando al mundo, que le observa, la forma en la que sería la sociedad en general si estuviera bajo tu autoridad.*

Dale a los creyentes hambre por tu Palabra de modo que puedan
ser leales a la verdad, viviendo en humildad, con valentía y recta-
mente para ti. Tomamos por válida tu promesa: «si mi pueblo, que
lleva mi nombre, se humilla y ora, y me busca y abandona su mala
conducta, yo lo escucharé desde el cielo, perdonaré su pecado y restau-
raré su tierra».[37]

¿Esa última frase también llamó tu atención? ¿Que Dios
sanará y bendecirá a nuestra nación cuando tú y yo estemos a
cuentas con él? Muchos de nosotros en los Estados Unidos
oramos así: *Dios bendiga a los Estados Unidos.* Pero, ¿no es interesante que su bendición no esté directamente relacionada
con la política general, la política pública, los programas de
gobierno, la justicia social, la igualdad racial, la reforma a la
seguridad social, los impuestos, la educación, la salud pública
o el fácil acceso a la adquisición de viviendas, sino relacionada
directamente con que *la iglesia esté a cuentas con él?*

¿Qué podemos hacer acerca de la moral sombría y deca-
dente, y de la condición espiritual de la iglesia hoy día?
Podemos conversar con él acerca de eso. Podemos orar por avivamiento en nuestras vidas como Isaías oró por avivamiento
en la suya: *Oh, Dios, «¡Ojalá rasgaras los cielos, y descendieras» otra*
vez![38]

El avivamiento histórico casi siempre se ha iniciado con el
anhelo en el corazón de una persona que se convirtió en una
carga de oración y luego esto se convirtió en una oración más
amplia y colectiva.

El Primer Gran Despertar en nuestra propia nación (1734-
1750) fue desencadenado cuando Jonathan Edwards leyó un
artículo sobre avivamiento, luego comenzó a orar, instando a
las iglesias en todas partes a orar en un esfuerzo sincronizado
que él denominó «conciertos de oración».

Luego del deterioro moral posterior a la Revolución
Americana, un solo pastor, Isaac Backus, comenzó a orar.
Luego suplicó con pastores en todo el país, llamándoles a orar

por avivamiento el primer lunes de cada mes. Así lo hicieron. Y fue entonces cuando estalló el Segundo Gran Avivamiento (1790-1840).

En Sudáfrica, treinta años de oración precedieron el derramamiento del Espíritu de Dios en Worcester en 1860.

En 1904, un sencillo minero galés comenzó expresar agonizantes oraciones por el estado de la iglesia. Cuando oró y luego compartió su carga, el viento del Espíritu sopló sobre unas pocas chispas de vida, y el fuego del avivamiento irrumpió en Gales.

En 1949, el gran avivamiento de las Hébridas comenzó con el anhelo de una iglesia y las oraciones de dos mujeres mayores, ciegas y artríticas.

Como resultado de estos avivamientos, los cristianos volvieron a un estilo de vida santo, millones de personas fueron salvadas y Dios hizo que se iniciara un amor apasionado por Jesucristo en los corazones de su pueblo. La fundación de orfanatos, hospitales, hospitales siquiátricos, así como el logro de la igualdad racial, la justicia social e incluso un medio ambiente más limpio, todo esto tiene sus raíces en el avivamiento de la iglesia.

Aunque el avivamiento colectivo e histórico ha sido distinto cada vez que Dios ha escogido enviarlo, algunos elementos han sido los mismos.

Uno de esos elementos es la oración. Si Dios utilizó la oración de una persona en el pasado para encender el avivamiento en la época de esa persona, ¿por qué no haría lo mismo otra vez? ¿Qué podría detenerlo en nuestra época? ¿Será posible que nadie realmente sienta la carga, que nadie realmente esté desesperado, y que nadie esté orando seriamente por el avivamiento?

No estoy segura si es que algún día llegaremos a saber lo que Dios haría al responder a la oración de una sola persona, a menos que estemos dispuestos a ser esa persona. Y por eso me pregunto, *Anne, si el avivamiento en tu familia, iglesia, ciudad, estado y nación dependieran de tu vida de oración, ¿se llevaría a cabo? Me pregunto...*

Creo que mejor conversaré con él acerca de esto...

El segundo tronco para el fuego del avivamiento: Escucha su voz

¿Acaso no ha sido maravilloso nuestro tiempo de oración juntos? No quisiera que termine. Ya puedo sentir el fuego del avivamiento en mi corazón. Pero creo que es tiempo de añadir el segundo tronco al fuego. El segundo tronco es la lectura de la Biblia.

Mi amigo Thomas, a quien mencioné anteriormente, me dijo que cuando era un jovencito, una vecina bien intencionada le había forzado a él, a su hermano y a otros amigos, a leer la Biblia y memorizarla. Describió cómo detestó eso en aquella temporada porque su cuerpecito activo hubiera preferido correr, saltar, jugar, lanzar la pelota, montar en bicicleta y pasear. Las sesiones forzadas de lectura de la Biblia produjeron una fuerte aversión a las Escrituras que él llevó consigo hasta su edad adulta.[39]

Luego de su experiencia de avivamiento personal, me describió volver en su memoria a la sala de estar de su vecina. Sin embargo, en esta ocasión Jesús estaba allí, llamando a Thomas a reunirse con él en el enorme sillón ubicado cerca de la ventana del vestíbulo. Jesús lo tomó en sus brazos y Thomas imaginó que subía a su regazo. Luego, Jesús abrió la Biblia y comenzó a leérsela en voz alta.

Con sus ojos llenos de la emoción del descubrimiento, Thomas me miró y exclamó: «¡Anne, la Biblia es su Palabra! ¡Está viva! ¡Me encanta! ¡Ahora no puedo dejar de leerla!».

Al igual que Thomas, ¿has tenido aversión a la lectura de la Biblia? ¿Has pensado que es aburrida, irrelevante o confusa? Entonces quiero invitarte a que subas al regazo del Señor y dejes que él te la «lea». Escuchar su voz dentro de sus páginas convertirá tu aversión en toda una vida de descubrimiento glorioso y te mantendrá viéndole ahí... *siempre.*

Permíteme contarte cómo puedes leer su Palabra de manera que te permita escuchar su voz, hablándote de manera personal, a través de sus páginas. En el apéndice de este libro cuentas con cinco hojas de trabajo para el estudio bíblico diseñadas para comenzar a escuchar la voz de Dios mientras lees tu Biblia. Lo ideal es que cada una la termines en un día, de modo que termines todas en menos de una semana.

Las hojas de trabajo te guiarán a través de mi sistema personal de reflexión significativa. Son simples y sencillas, prácticas y personales. Sigue las instrucciones y te darás cuenta cómo es que este ejercicio te enseña a escuchar la voz de Dios.

Para algunos, escucharle hablar es un conocimiento silencioso. Para otros, es algo más electrizante, como si los versículos tuvieran campanas, silbatos y luces brillantes de neón. Sin importar cómo «suene» su voz para ti, el impacto será como combustible que mantenga ardiendo el fuego en tu corazón.

Así que asegúrate, antes de cerrar este libro, de añadir los troncos de la oración diaria y de la lectura de la Biblia a tu fuego.

Eres el encargado de mantener el fuego ardiendo

¡No dejes que se apague el fuego! Si terminaste de leer este libro y no haces nada, a pesar de lo significativo que haya sido, el fuego que se ha encendido en tu corazón parpadeará, se extinguirá y se apagará. Eres el encargado de mantener el fuego ardiendo.

En la antigua época del Imperio Romano no se utilizaba, obviamente, la energía eléctrica. No podías utilizar un interruptor para encender una luz, girar una perilla para calentar tu estufa u oprimir un botón en el termostato para aumentar el calor en tu hogar. En vez de ello, en cada aldea había un fuego encendido en la plaza central las veinticuatro horas del día, los siete días de la semana.

Se consideraba al fuego como algo imprescindible para la vida de la aldea, así que se empleaba a una persona para que se encargara de mantener el fuego ardiendo. Si por alguna razón el fuego se extinguía —si se permitía por descuido que se extinguiera lentamente, si el viento lo apagaba, o si una tormenta terminaba por empaparlo— le costaba la vida al encargado de mantener el fuego.

Dios nos ha dado a ti y a mí el fuego del Espíritu con toda su energía apasionada y amor por Jesús. Si por cualquier razón dejas que el fuego se extinga, te puede costar la vida. No tu salvación eterna, sino la vitalidad de tu vida espiritual, la plenitud de la bendición de Dios, la vida abundante que Jesús vino a proporcionar. No apagues el fuego del Espíritu descuidando la lectura diaria de la Biblia y la oración. No lo aflijas con tu pecado. ¡Aviva la llama! *¡Eres el encargado de mantener el fuego en tu corazón!*

Así que...

¡Agita la leña!

¡Añade los troncos!

¡Habla con él!

¡Escúchale!

¡Aviva la llama de tu amor por Jesús!

¡QUÉDATE DESPIERTO!

... hasta que tu fe se convierta en vista y puedas exclamar: «¡He visto a Dios!».

Epílogo

Para cuando estaba por terminar la vida de Isaías, su sobrecogedora experiencia de adoración y su asombro todavía podían escucharse al revivir el fresco encuentro que tuvo con Dios en ese año de la muerte del rey Uzías. La experiencia que quedó grabada para siempre en su memoria debió cobrar vida cuando su pluma se movió para escribir sobre la página:

«Porque lo dice el excelso y sublime,

el que vive para siempre, cuyo nombre es santo:

"Yo habito en un lugar santo y sublime,

pero también con el contrito y humilde de espíritu,

para reanimar el espíritu de los humildes

y alentar el corazón de los quebrantados"».[1]

El avivamiento personal de Isaías duró toda su vida porque fue el resultado directo de una relación personal, continua e íntima con el Señor.

Aunque Isaías logró la grandeza ante los ojos de Dios, su amada nación de Judá no lo hizo. Como resultado de su maldad y rebeldía, el pueblo de Dios cayó bajo el juicio de Dios y fueron exiliados a la cautividad por los babilonios.

La historia tradicional nos dice que, antes de que cayera el juicio de Dios, el malvado Rey Manasés hizo que Isaías fuese colocado en un tronco hueco de árbol y luego aserrado por la mitad.

Dios hace notar su martirio en la vívida descripción registrada en Hebreos 11, «La Galería de la Fe»:

¿Qué más voy a decir? Me faltaría tiempo para hablar de Gedeón, Barac, Sansón, Jefté, David, Samuel y los profetas, los cuales por la fe conquistaron reinos, hicieron justicia y alcanzaron lo prometido; cerraron bocas de leones, apagaron la furia de las llamas y escaparon del filo de la espada; sacaron fuerzas de flaqueza; se mostraron valientes en la guerra y pusieron en fuga a ejércitos extranjeros. Hubo mujeres que por la resurrección recobraron a sus muertos. Otros, en cambio, fueron muertos a golpes, pues para alcanzar una mejor resurrección no aceptaron que los pusieran en libertad. Otros sufrieron la prueba de burlas y azotes, e incluso de cadenas y cárceles. Fueron apedreados, *aserrados por la mitad*, asesinados a filo de espada. Anduvieron fugitivos de aquí para allá, cubiertos de pieles de oveja y de cabra, pasando necesidades, afligidos y maltratados. ¡El mundo no merecía gente así! Anduvieron sin rumbo por desiertos y montañas, por cuevas y cavernas.

Aunque todos obtuvieron un testimonio favorable mediante la fe, ninguno de ellos vio el cumplimiento de la promesa [el Mesías, que es Jesús]. Esto sucedió para que ellos no llegaran a la meta sin nosotros, pues Dios nos había preparado algo mejor [el cumplimiento de todas las promesas en Cristo, la Cruz y nuestra redención].[2]

Más que una señal de alerta...

Mi oración sincera es que este libro haya significado una señal de alerta, una llamada de atención, para tu corazón. Pero oro por que haya sido algo más que eso...

Oro porque los ojos de tu corazón se hayan abierto, dándote una visión fresca de Dios, «excelso y sublime, sentado en un trono» (Isaías 6:1).

Oro porque al leer estas palabras, tu conocimiento haya descendido cuarenta y seis centímetros desde tu cabeza hasta tu corazón.

Oro porque hayas sentido el fuego del avivamiento personal encendiéndose dentro de ti.

Oro porque el avivamiento que experimentaste perdure toda tu vida.

Oro porque tu vida sea contagiosa y que el fuego se extienda.

Oro porque, como resultado del fuego en tu corazón, toda la iglesia se reanime y se avive con el fuego del cielo hasta que sea santa, limpia, ¡y un día pueda presentarse al Señor de la gloria como una Esposa radiante![3]

¡Alegrémonos y regocijémonos
y démosle gloria!
Ya ha llegado el día de
las bodas del Cordero.
Su novia se ha preparado.

APOCALIPSIS 19:7

Apéndice

Hojas de trabajo para el Estudio de la Escritura para ayudarte a mantener encendido el fuego del avivamiento.

A través de los años, desarrollé un sistema para leer la Palabra de Dios y poder escuchar más claramente su voz hablándome personalmente a través de las páginas de la Biblia. Estas cinco hojas de trabajo para el estudio de la Escritura están diseñadas para ayudarte a comenzar a escuchar la voz de Dios conforme lees tu Biblia. Lo ideal es que cada una la termines en un día, de modo que termines todas en menos de una semana. Las hojas de trabajo te guiarán a través de mi sistema personal de reflexión significativa. Espero que encuentres mi método tan profundo y revelador como lo ha sido para mí. Por favor aparta un tiempo en el que estés tranquilo, para que los siguientes cinco días inicies este importante primer paso para mantener el fuego del avivamiento encendido dentro de ti. (Siéntete libre de escribir en los espacios en blanco si este libro te pertenece. Si lo tomaste prestado de alguna biblioteca, por favor escribe tus respuestas en una hoja de papel separada, de modo que otros también puedan usarlo).

Cada uno de los pasos a continuación corresponde a una sección en las hojas de trabajo. Cuando leas las instrucciones para cada paso, es posible que quieras referirte al ejemplo terminado de Marcos 9:2 – 8, que incluimos en las páginas siguientes.

Instrucciones para la hoja de trabajo de estudio de las Escrituras

Paso uno *Lee la Palabra de Dios*

Comienza leyendo un breve pasaje de la Escritura (un párrafo o una sección de dimensiones semejantes). Los ejercicios de estudio de la Escritura incluidos aquí se concentran en pasajes cortos de dos a ocho versículos cada uno.

No te apresures. Lee la Palabra de Dios en oración, con objetividad y con atención. El objetivo de este ejercicio devocional no es sencillamente terminar de leer el pasaje, y ni siquiera estudiarlo, sino mantener el fuego del avivamiento en tu corazón mientras escuchas al Señor.

Paso dos *¿Qué dice la Palabra de Dios?*
Haz una lista de los hechos.

Haz una lista versículo a versículo de los hechos sobresalientes que puedes notar en el pasaje. Señala los hechos más evidentes. No hagas una paráfrasis ni escribas lo que Dios dice en tus propias palabras, sino utiliza las palabras que están ahí mismo. Haz a un lado los detalles secundarios y comienza con los sustantivos y los verbos.

Paso tres *¿Qué es lo que quiere decir la Palabra de Dios?*
Aprende las lecciones.

Regresa a la lista de hechos y busca una lección o principio espiritual que aprender con cada hecho. Hazte las siguientes preguntas: «En este pasaje, ¿qué es lo que las personas hacen o no hacen que yo debería hacer, o no hacer? ¿Hay aquí un mandamiento que debo obedecer? ¿Una promesa que debería reclamar? ¿Una advertencia a la que debería poner atención? ¿Un ejemplo a seguir?».

Paso cuatro *¿Qué es lo que quiere decir la Palabra de Dios para mí? Escucha su voz.*

Toma las lecciones o principios del paso tres y formula una pregunta con ellos que pudieras hacerte a ti mismo, a tu cónyuge, a tu hijo, a tu amigo, a un vecino o a un colaborador. Al hacerlo, escucha lo que Dios te dice de manera personal a través de su Palabra. Este es el paso más significativo, el paso en el que yo con frecuencia escucho la voz de Dios. Pero no puedes dar el paso cuatro hasta que completes los pasos uno, dos y tres. ¡Nada de saltarse pasos!

Si eres alguien a quien le cuesta mucho sentarse y esperar en silencio escuchar la quieta y apenas audible voz de Dios, no te desanimes si tardas un poco en desarrollar la habilidad para concentrarte en una sola cosa de manera que todo lo que te rodea parezca desvanecerse. Mientras más tiempo pases en este estado de oración y reflexión para escuchar, más clara será la voz de Dios para ti. Y, por favor, no hagas a un lado los ejemplos terminados pensando que *¡nunca se te hubiera ocurrido eso!* El significado de la Palabra llegará a ti mientras reflexionas y abres tu mente al Espíritu de Dios.

Paso cinco *¿Cómo responderé hoy a la Palabra de Dios?*
     Vívela.

Escucha cómo Dios te habla de manera personal a través del pasaje. Es posible que no te hable a través de cada versículo, pero es un hecho que te *hablará.* Cuando lo haga, registra el número de versículo, lo que te está diciendo y tu respuesta. Es posible que desees anotar la fecha, tanto como una forma de conservar un diario como para hacerte responsable de una respuesta obediente.

Cuando termines las cinco hojas de trabajo de estudio de la Escritura, utiliza el mismo método para estudiar tus pasajes bíblicos favoritos.

Recuerda que tu objetivo no es solo leer el pasaje sino escuchar la voz de Dios en el pasaje. Así que aplica el método a solo un párrafo de la Escritura por vez.

Ejemplo terminado de una hoja de trabajo para el estudio de las Escrituras

Marcos 9:2 – 8

PASO UNO

Lee la Palabra de Dios

v. 2. Seis días después Jesús tomó consigo a Pedro, a Jacobo y a Juan, y los llevó a una montaña alta, donde estaban solos. Allí se transfiguró en presencia de ellos..

v. 3. Su ropa se volvió de un blanco resplandeciente como nadie en el mundo podría blanquearla.

v. 4. Y se les aparecieron Elías y Moisés, los cuales conversaban con Jesús..

v. 5. Pedro le dijo a Jesús: —Rabí, ¡qué bien que estemos aquí! Podemos levantar tres albergues: uno para ti, otro para Moisés y otro para Elías.

v. 6. No sabía qué decir, porque todos estaban asustados.

v. 7. Entonces apareció una nube que los envolvió, de la cual salió una voz que dijo: «Éste es mi Hijo amado. ¡Escúchenlo!».

v. 8. De repente, cuando miraron a su alrededor, ya no vieron a nadie más que a Jesús.

PASO DOS

¿Qué dice la Palabra de Dios?
Haz una lista de los hechos.

v. 2. Jesús se llevo solamente a Pedro, Jacobo y Juan a una montaña, en donde se transfiguró delante de ellos.

v. 3. Sus ropas se volvieron de color blanco resplandeciente.

v. 4. Moisés y Elías se aparecieron delante de ellos, hablando con Jesús.

v. 5. Pedro dijo: «Es bueno estar aquí. Levantemos tres albergues».

v. 6. Pedro no supo qué decir.

v. 7. Una voz, proveniente de la nube, dijo: «Este es mi hijo. Escúchenlo».

v. 8. Repentinamente no vieron a nadie más, excepto a Jesús.

PASO TRES

*¿Qué es lo que quiere decir
la Palabra de Dios?*

Aprende las lecciones.

v. 2. Jesús quiere pasar tiempo a solas con nosotros.

v. 3. Cuando hacemos tiempo para estar a solas con Jesús, él tiene la oportunidad de darnos una visión fresca de él.

v. 4. Toda la Biblia, el Antiguo y el Nuevo Testamentos tienen su punto focal en Jesús.

v. 5. Aunque nos encanta tener experiencias del tipo de las que se tienen en lo alto de la montaña, en ocasiones pensamos en Jesús como otro hombre más, igual en honor a los profetas.

v. 6. En ocasiones, nuestras emociones nos hacen hablar en momentos en los que deberíamos permanecer callados.

v. 7. Dios nos manda escuchar lo que Jesús dice.

v. 8. Cuando todo lo demás desaparece, incluyendo nuestras visiones y nuestras experiencias de avivamiento y gloria, nuestra vista debe continuar puesta en Jesús.

PASO CUATRO

*¿Qué es lo que quiere decir
la Palabra de Dios para mí?*

Escucha su voz.

v. 2. ¿Cuándo pasé tiempo a solas con Jesús? ¿Usaré las siguientes hojas de trabajo como la forma de aceptar su invitación a pasar tiempo con él, subir hasta su regazo y escuchar su voz?

v. 3. ¿Qué visión fresca de Jesús recibiré mientras paso tiempo a solas con él y con su Palabra cada día?

v. 4. Al leer mi Biblia, ¿en qué me concentro?

v. 5. ¿Cuándo he querido persistir en las sensaciones de una experiencia al mismo tiempo que le doy menos importancia a la misma persona de Jesús?

v. 6. ¿En qué momento mis palabras y mis obras han interrumpido mi adoración?

v. 7. ¿Estoy dispuesto ahora a obedecer el mandato de Dios y a *escuchar* la voz de su Hijo amado?

v. 8. Luego de una experiencia emocional o del éxtasis del avivamiento espiritual, ¿qué haré para avivar las llamas, mantener el fuego del avivamiento y asegurarme de que yo vea solamente a Jesús... siempre?

PASO CINCO

¿Cómo responderé hoy a la Palabra de Dios? Vívela.

Anhelo ver a Jesús. No quiero que se apague el fuego del avivamiento en mi corazón. Quiero escuchar a Jesús. Por ello, escojo hacer tiempo cada día, comenzando el día de hoy, para alejarme y estar solo con él y leer su Palabra, escuchando su voz hablarme de manera personal, mientras mantengo mi vista puesta en él.

Ahora es tu turno:

Hoja de trabajo para el

Estudio de las Escrituras

UNO

APOCALIPSIS 1:1– 3

Ahora que te mostré cómo se hace, aquí están hojas de trabajo que se concentran en cinco pasajes más de las Escrituras. Lee los pasajes lentamente, luego con mucha atención llena los espacios en blanco. Esta primera hoja de trabajo incluye ejemplos que te llevan a través de los pasos dos hasta cinco mientras estudias el versículo 1. Utiliza estos ejemplos para comenzar, pero no dejes que te impidan hallar tus propias respuestas para el versículo 1, al igual que para los otros versículos.

Paso uno

Lee la Palabra de Dios

v. 1. Ésta es la revelación de Jesucristo, que Dios le dio para mostrar a sus siervos lo que sin demora tiene que suceder. Jesucristo envió a su ángel para dar a conocer la revelación a su siervo Juan,

v. 2. quien por su parte da fe de la verdad, escribiendo todo lo que vio, a saber, la palabra de Dios y el testimonio de Jesucristo.

v. 3. Dichoso el que lee y dichosos los que escuchan las palabras de este mensaje profético y hacen caso de lo que aquí está escrito, porque el tiempo de su cumplimiento está cerca.

Paso dos

¿Qué dice la Palabra de Dios?
Haz una lista de los hechos.

Ejemplo:

v. 1. Dios dio la revelación de Jesucristo, se la hizo conocer a Juan para mostrarle a sus siervos qué es lo que acontecería.

PASO TRES

¿Qué es lo que quiere decir
la Palabra de Dios?
Aprende las lecciones.

Ejemplo:

v. 1. Dios da la revelación de Jesús a sus siervos a través de su Palabra.

PASO CUATRO

¿Qué es lo que quiere decir
la Palabra de Dios para mí?
Escucha su voz.

Ejemplo:

v. 1. Aunque anhelo ver a Jesús por siempre, ¿hacia dónde estoy mirando ahora?

PASO CINCO

¿Cómo responderé hoy a la Palabra de Dios? Vívela.

Ejemplo:

Al leer mi Biblia cada día, escogeré abrir mis ojos para ver a Jesús... y abrir mis oídos para escuchar su voz.

Hoja de trabajo para el

Estudio de las Escrituras

Dos

APOCALIPSIS 1:4 – 8

PASO UNO
Lee la Palabra de Dios

v. 4. Yo, Juan, escribo a las siete iglesias que están en la provincia
de Asia: Gracia y paz a ustedes
de parte de aquel que es y que
era y que ha de venir; y de
parte de los siete espíritus que
están delante de su trono;

v. 5. y de parte de Jesucristo, el testigo fiel, el primogénito de la
resurrección, el soberano de
los reyes de la tierra. Al que
nos ama y por cuya sangre nos
ha librado de nuestros pecados,

v. 6. al que ha hecho de nosotros un
reino, sacerdotes al servicio de
Dios su Padre, ¡a él sea la gloria
y el poder por los siglos de los
siglos! Amén.

v. 7. ¡Miren que viene en las nubes!
Y todos lo verán con sus propios ojos, incluso quienes lo
traspasaron; y por él harán
lamentación todos los pueblos
de la tierra. ¡Así será! Amén.

v. 8. «Yo soy el Alfa y la Omega —
dice el Señor Dios—, el que es
y que era y que ha de venir, el
Todopoderoso».

PASO DOS
¿Qué dice la Palabra de Dios?
Haz una lista de los hechos.

PASO TRES

¿Qué es lo que quiere decir
la Palabra de Dios?
Aprende las lecciones.

PASO CUATRO

¿Qué es lo que quiere decir
la Palabra de Dios para mí?
Escucha su voz.

PASO CINCO

¿Cómo responderé hoy a la Palabra de Dios? Vívela.

Hoja de trabajo para el

Estudio de las Escrituras

TRES

APOCALIPSIS 1:9 – 11

PASO UNO

Lee la Palabra de Dios

v. 9. Yo, Juan, hermano de ustedes y compañero en el sufrimiento, en el reino y en la perseverancia que tenemos en unión con Jesús, estaba en la isla de Patmos por causa de la palabra de Dios y del testimonio de Jesús.

v. 10. En el día del Señor vino sobre mí el Espíritu, y oí detrás de mí una voz fuerte, como de trompeta,

v. 11. que decía: «Escribe en un libro lo que veas y envíalo a las siete iglesias: a Éfeso, a Esmirna, a Pérgamo, a Tiatira, a Sardis, a Filadelfia y a Laodicea».

PASO DOS

¿Qué dice la Palabra de Dios? Haz una lista de los hechos.

PASO TRES

*¿Qué es lo que quiere decir
la Palabra de Dios?
Aprende las lecciones.*

PASO CUATRO

*¿Qué es lo que quiere decir la Palabra
de Dios para mí?
Escucha su voz.*

PASO CINCO
¿Cómo responderé hoy a la Palabra de Dios? Vívela.

¿ Cómo saber cual es la justa medida de amor que se le debe de dar a un hijo ?

Hoja de trabajo para el

Estudio de las Escrituras

CUATRO

APOCALIPSIS 1:12 – 16

PASO UNO

Lee la Palabra de Dios

v. 12. Me volví para ver de quién era la voz que me hablaba y, al volverme, vi siete candelabros de oro.

v. 13. En medio de los candelabros estaba alguien «semejante al Hijo del hombre», vestido con una túnica que le llegaba hasta los pies y ceñido con una banda de oro a la altura del pecho.

v. 14. Su cabellera lucía blanca como la lana, como la nieve; y sus ojos resplandecían como llama de fuego.

v. 15. Sus pies parecían bronce al rojo vivo en un horno, y su voz era tan fuerte como el estruendo de una catarata.

v. 16. En su mano derecha tenía siete estrellas, y de su boca salía una aguda espada de dos filos. Su rostro era como el sol cuando brilla en todo su esplendor.

PASO DOS

¿Qué dice la Palabra de Dios?
Haz una lista de los hechos.

PASO TRES

*¿Qué es lo que quiere decir
la Palabra de Dios?
Aprende las lecciones.*

PASO CUATRO

*¿Qué es lo que quiere decir
la Palabra de Dios para mí?
Escucha su voz.*

PASO CINCO

¿Cómo responderé hoy a la Palabra de Dios? Vívela.

Hoja de trabajo para el

Estudio de las Escrituras

Cinco

Apocalipsis 1:12 – 16

PASO UNO

Lee la Palabra de Dios

v. 17. Al verlo, caí a sus pies como muerto; pero él, poniendo su mano derecha sobre mí, me dijo: «No tengas miedo. Yo soy el Primero y el Último,

v. 18. y el que vive. Estuve muerto, pero ahora vivo por los siglos de los siglos, y tengo las llaves de la muerte y del infierno.

v. 19. »Escribe, pues, lo que has visto, lo que sucede ahora y lo que sucederá después.

v. 20. »Esta es la explicación del misterio de las siete estrellas que viste en mi mano derecha, y de los siete candelabros de oro: las siete estrellas son los ángeles de las siete iglesias, y los siete candelabros son las siete iglesias».

PASO DOS

¿Qué dice la Palabra de Dios? Haz una lista de los hechos.

PASO TRES

*¿Qué es lo que quiere decir
la Palabra de Dios?
Aprende las lecciones.*

PASO CUATRO

*¿Qué es lo que quiere decir
la Palabra de Dios para mí?
Escucha su voz.*

Paso cinco

¿Cómo responderé hoy a la Palabra de Dios? Vívela.

Notas

Una señal de alerta
1. Véase Lucas 12:16-21.

Un anhelo por ver a Jesús... otra vez.
1. Dios abrió una ventana de tiempo que me permitió una visita prolongada a mis padres. Me empapé de cada precioso e inapreciable minuto. Mientras estuve en casa, papá tuvo que irse a una reunión, y yo me quedé vislumbrando el cielo, ¡en donde ya no estaremos separados de aquellos a quienes amamos!
2. Las definiciones de avivamiento fueron proporcionadas por los siguientes hombres, según el orden que aparecieron impresas: Robert Coleman; Edwin Lutzer; Duncan Campbell; D. M. Patton; Vance Havner; del libro de Dale Schlafer; *Revival 101* [Conceptos básicos del avivamiento] (Colorado Springs; Navpress, 2003), 11.
3. Newsweek, Septiembre 5, 2005, 48, 50.

Uno – ¡Estás durmiendo!
1. El 14 de septiembre de 2005, Laurence Karlton, un juez federal de distrito en San Francisco, dictaminó que la Promesa de Lealtad es inconstitucional porque la frase «bajo Dios» viola el derecho de los estudiantes de las escuelas públicas a «ser libres de un requerimiento coercitivo para afirmar la existencia de Dios», según reportó CNN.com.
2. Judá era una tierra que alguna vez formó parte del reino de Israel. Inicialmente, Dios prometió a Abraham que si lo seguía en una vida de fe, él establecería a la familia de Abraham como una nación a través de la cual el mundo entero fuera bendecido. (Véase Génesis 12:1 – 3). Cuatro generaciones después, Dios cumplió su promesa, y la nación quedó establecida con los doce tataranietos de Abraham que formaron las doce tribus de Israel. Posteriormente, la nación se convirtió en el reino de Israel. Los ciento veinte años de su existencia quedaron divididos por los reinados de tres monarcas: Saúl, David y Salomón.
Luego de la muerte de Salomón, el reino de Israel se dividió. Diez tribus formaron el reino del Norte, que se llamó Israel, mientras las otras tribus restantes se convirtieron en el reino del Sur, conocido como Judá.

del Norte tuvo una duración de doscientos años antes de ser
~uido por Asiria en 722 a. C. El reino del Sur perduró durante
~cientos años, hasta que fue destruido por Babilonia alrededor del
~ño 586 a. C. Dios levantó a Isaías en el año 741 a. C. Como su
vocero para los dos reinos durante el tiempo que precedió a su juicio sobre ellos.

3. Véase Isaías 26:19; Romanos 13:11; Efesios 5:14 y Apocalipsis 3:3.
4. Véase 2 Reyes 21:1 – 16.
5. Véase Isaías 3:14 -15.
6. Véase Isaías 3:15.'
7. Véase Isaías 1:23.
8. Véase Isaías 1:23.
9. Véase Isaías 1:12 – 14.
10. Véase 2 Timoteo 3:1, 5.
11. Véase Mateo 7:21 – 23.
12. Véase Romanos 12:2; 2 Corintios 6:17.
13. 2 Crónicas 7:13 – 14.
14. Ibíd.
15. Apocalipsis 2:18.
16. Aun cuando el 11 de septiembre fue una señal de alerta para los
Estados Unidos de América, también fue una obra malvada que se
perpetró en contra de gente inocente. Los terroristas harían bien en
considerar que aunque Dios utilizó a Asiria y Babilonia como sus instrumentos de juicio en contra de Israel y Judá, con el paso del tiempo
ellos también fueron destruidos por Dios a causa de su maldad.
17. Salmo 119:89.
18. Mateo 5:18.
19. Véase Gálatas 3:24.
20. Isaías 1:2, énfasis mío.
21. Isaías 1:10, énfasis mío.
22. Isaías 1:10, énfasis mío.
23. Isaías 1:11, énfasis mío.
24. Isaías 1:18, énfasis mío.
25. Isaías 1:20, énfasis mío.
26. Isaías 1:24, énfasis mío.
27. Juan 14:6.
28. Ibíd.
29. Génesis 1:1.
30. Isaías 64:6.
31. Romanos 3:10.
32. Hechos 4:12.
33. Juan 3:16.
34. Al igual que Isaías, la iglesia hoy día tiene la Palabra de Dios y
conoce su verdad. Pero saber lo que es verdad y tener el ímpetu para
predicarla valientemente en palabra y obra son dos cosas distintas. El
avivamiento personal de Isaías, su visión del Señor, fue lo que llevó
el mensaje de su cabeza hasta su corazón, y luego desde su corazón
hasta el pueblo que tan desesperadamente necesitaba escucharlo.

Dos - ¡Despierta!

1. Ezequiel 1:4 – 5.
2. En el tiempo de la muerte de Uzías, no tenía su residencia en el palacio del rey sino en una casa aparte (véase 2 Crónicas 26:21).
3. Revista *People* [Gente], Enero 17, 2005, 97.
4. Salmo 6:6.
5. El rey Uzías «hizo lo que agrada al Señor… Con la poderosa ayuda de Dios, Uzías llegó a ser muy poderoso y su fama se extendió hasta muy lejos. … Sin embargo, cuando aumentó su poder, Uzías se volvió arrogante, lo cual lo llevó a la desgracia. Se rebeló contra el Señor, Dios de sus antepasados…» (2 Crónicas 26:4, 15, 16). De hecho, Uzías terminó su vida leproso, habitando una casa separada del palacio, y fue excluido del templo (véase Crónicas 26:21).
6. He recopilado esta historio utilizando información de los siguientes sitios *www.first-to-fly.com* y *www.centennialofflight.gov*. También de la Biblioteca Metropolitana de Dayton (Ohio), la cual ofrece imágenes en línea de algunos de los artículos de su Colección de los hermanos Wright, incluyendo recortes de periódico y otros artículos preservados en las colecciones de recortes de los hermanos Wright: *webster.daytonmetrolibrary.org/localhistory.cfm*.
7. Juan 12:41.
8. De acuerdo a la Biblia, Jesucristo es el Dios eterno que se convirtió en un ser humano cuando nació como un bebé en Belén (véase Juan 1:1 – 2, 14 y Filipenses 2:5 – 6). A Su nacimiento y su vida sobre la tierra se le conoce como la «encarnación» de Dios, lo cual significa sencillamente que Dios se hizo humano sin disminuir en modo alguno su deidad. Jesucristo no es mitad Dios y mitad hombre. Él es todo Dios y todo hombre. Referirse a él como «pre-encarnado» es referirse a él antes de tomar forma humana.

Tres - ¡Abre tus ojos!

1. 1 Juan 1:15.
2. Se ha excavado el palacio de Susa y los arqueólogos piensan que fue realmente una de las residencias del rey Artajerjes de Persia y de su emperatriz Ester.
3. El tabernáculo era un santuario portátil que contenía todo lo necesario para adorar mientras los hijos de Israel recorrían el desierto. También sirvió como un prototipo de una estructura permanente que se construyó durante el reinado del Rey Salomón. El Tabernáculo tipificó la morada de Dios entre su pueblo. (Adaptado de la obra de J. D. Douglas *The New International Dictionary of the Bible* [El Nuevo Diccionario Internacional de la Biblia] [Grand Rapids, MI: Zondervan, 1999.]).
4. Véase Éxodo 26:7, 14.
5. La palabra *shekinah* en hebreo significa literalmente «la morada de Dios». Aunque no es un término bíblico, se usa para describir la presencia visible del Señor. (Véase, de J. D. Douglas, *The New International Dictionary of the Bible* [El Nuevo Diccionario Internacional de la Biblia]).

... mismo principio se convierte en algo muy personal cuando
... la lección de Pablo a los corintios respecto a que «tenemos
... tesoro [la gloria de Dios] en vasijas de barro [nuestros propios
... cuerpos y vidas] para que se vea que tan sublime poder viene de Dios
y no de nosotros» (2 Corintios 4:7). Echando una mirada a nosotros
mismos, ¿quién podría alguna vez sospechar que, envuelta dentro de
nosotros, está la misma gloria de Dios, su carácter y naturaleza?

7. Énfasis mío.
8. Véase Juan 12:41.
9. Véase Salmo 89:8.
10. Véase Isaías 64:4 y 2 Corintios 2:9 – 10.
11. Véase Juan 1:40.
12. Véase Proverbios 3:5 – 6.
13. Véase Romanos 8:28.
14. Apocalipsis 4:1, 2.
15. Juan 20:14.
16. Véase Romanos 8:34.
17. Véase 1 Pedro 1:3.
18. Véase Juan 14:2 – 3.
19. Véase 2 Corintios 1:20.
20. Véase Juan 3:16.
21. Véase Lucas 5:24.
22. Véase Juan 1:12.
23. Véase Juan 17:2.
24. Véase Juan 14:16 – 17.
25. Véase Lucas 10:19.
26. Véase Efesios 1:11 – 12.
27. Véase Juan 14:2 – 3.
28. Véase Juan 1:1; Colosenses 1:15 – 17; 2 Corintios 4:6.
29. Véase Amós 4:13; 5:8.
30. Véase Lucas 8:24 – 25.
31. Véase Mateo 8:28 – 32.
32. Véase Marcos 11:23.
33. Véase Mateo 9:2 – 7; 11:5.
34. Véase Marcos 7:32 – 35.
35. Véase Marcos 10:46 – 52 y Juan 9:1 – 7.
36. Véase Lucas 17:11 – 19.
37. Véase Marcos 5:35 – 42 y Juan 11:38 - 44.
38. Véase Juan 14:1 – 6 y Apocalipsis 22:12 – 14.
39. Véase Isaías 2:6 – 8.
40. Véase Josué 24:31; Romanos 9:4 – 5; Juan 1:16.
41. Véase Éxodo 7 – 12.
42. Véase Éxodo 14:21 – 22.
43. Véase Éxodo 14:23 – 28.
44. Véase Éxodo 16.
45. Véase Éxodo 17:1 – 7.
46. Véase Éxodo 20:1 – 17; Éxodo 21 – 40; y el libro de Levítico.
47. Véase Josué 3:14 – 17.
48. Véase Josué 6:1 – 20.
49. Véase Josué 23:9 – 10.

50. Véase Números 13:27; Deuteronomio 6:10 – 12; y Josué 24:2 -13.
51. Véase Hebreos 11:32 – 38.
52. Véase Juan 1:1 – 12.
53. Véase Deuteronomio 7:7 – 9.
54. Véase Juan 1:11 – 14, 17 – 18.
55. Hebreos 13:5.
56. Véase Salmo 139:7 – 12.
57. Ezequiel 48:35, énfasis mío.
58. Véase 1 Corintios 3:16.
59. Véase 1 Juan 1:7 – 9.
60. Véase Juan 3:15 – 16.
61. Véase Apocalipsis 3:20; Lucas 11:13; Efesios 1:13.
62. Véase Juan 1:12.
63. Efesios 5:18.
64. Véase Hechos 4:31.
65. Véase Hechos 17:6.
66. Apocalipsis 5:12.
67. Apocalipsis 5:13.
68. Filipenses 2:9 – 11.
69. Véase Hechos 2:4, 14 – 36, 41.
70. Véase Salmo 22:3.
71. Véase Isaías 61:3.
72. Véase Salmo 18:3.
73. Véase Salmo 43:5.
74. Véase Éxodo 13:21.
75. Véase Éxodo 34:29 – 35.
76. Véase Éxodo 40:34 – 35.
77. Véase Ezequiel 10:18 y Salmo 137:1 - 2.
78. Apocalipsis 4:8, 5:11 – 12.
79. Compara Apocalipsis 4:4 con Isaías 6:3.
80. Véase 1 Pedro 1:16.
81. Véase Apocalipsis 2:18 – 29.

Cuatro - ¡Desgarra tu corazón!
1. Véase Juan 20:15.
2. Joel 2:13.
3. Lucas 5:5.
4. Lucas 5:8.
5. Esta afirmación es una paráfrasis no muy buena de un comentario que recuerdo haber oído de John Trapo, un teólogo de Viejo Continente que es uno de los autores favoritos de mamá.
6. Joel 2:13.
7. Romanos 7:18.
8. Véase Ezequiel 1:28; Hechos 9:4; y Apocalipsis 1:17.
9. Véase Isaías 57:15.
10. Mateo 7:3 – 5.
11. Véase Marcos 12:30 – 31.
12. Cuando yo era una jovencita, fui convencida de mi condición pecaminosa cuando vi una película en la televisión titulada *Rey de Reyes* (dirigida por Cecil B. DeMille), la cual es una representación de

de Cristo. Orando, le dije a Dios que me reconocía como
ora, creí que Jesús murió en la Cruz como sacrificio por mis
ados, y le pedí que me perdonara y entrara a mi corazón. Creo
por la fe que él escuchó mi oración de jovencita, me perdonó de mi
pecado, y puso su Espíritu dentro de mí. Yo creo que en ese
momento nací de nuevo dentro de la familia de Dios. Sé que estoy
perdonada y que cuando muera iré al cielo. Sin embargo, todavía soy
una pecadora.

13. Véase Romanos 8:1 – 4.

14. Estoy agradecida a un promotor del avivamiento del siglo XIX,
Charles G. Finney, por ayudarme con esta lista, la cual he utilizado
para analizar mi propia vida. La encontré en su libro *How to
Experience Revival* [Cómo experimentar el avivamiento] (New
Kensington, PA: Whitaker House, 1984), 18 – 27.

15. Véase Santiago 4:17.

Cinco - ¡Dobla tu rodilla!

1. La sangre de Jesús derramada en la Cruz está representada, eviden-
temente, por el carbón encendido, dado que la Cruz es el único lugar
en el que cualquier persona puede quedar sin pecado y sin culpa.

2. Esta es mi paráfrasis personalizada de 1 Juan 1:7. Cuando pongo
mi fe en Jesucristo como mi Salvador, todo mi pecado es perdonado.
Incluso el pecado que cometa en el futuro es perdonado porque todo
el pecado de mi vida entera era un pecado futuro cuando él murió en
la Cruz para perdonarme. «La sangre de Jesús… nos purifica de todo
pecado» (1 Juan 1:7).

3. Mi paráfrasis de 1 Juan 1:9.

4. Isaías 1:18.

5. Mi paráfrasis del Salmo 103:12.

6. Véase Romanos 8:33 - 34.

7. Véase Miqueas 7:19.

8. Es posible que quieras trabajar en la sección titulada «El primer
tronco del fuego del avivamiento: Conversa con él», en el capítulo 8,
para ayudarte a saber cómo llevar tu pecado a la Cruz en este
momento.

9. Gálatas 2:20.

10. Apocalipsis 1:17.

11. Apocalipsis 1:17, 19, énfasis mío.

12. Véase Marcos 3:17; Lucas 9:51 – 55.

13. El llamado de Juan para ser un discípulo nos ofrece una maravillosa esperanza y aliento para todos los que somos hombres y mujeres ordinarios, ¡con fallas y debilidades humanas! Véase 1 Corintios
1:26 – 31 para hallar ahí más palabras de aliento.

14. Por ejemplo, véase Hechos 3:1 – 8.

15. La biografía de Jesús, que es la cuarta que se encuentra en el
Nuevo Testamento, y se titula simple y sencillamente el Evangelio de
Juan.

16. Lee la primera epístola de Juan y cuenta el número de veces que
el apóstol Juan se refiere al lector como «queridos hijos» o «queridos
hermanos».

17. El testimonio de primera mano contado por Juan acerca del fin de la historia humana es el último libro de la Biblia, el Apocalipsis [Revelación] de Jesucristo.
18. Véase Apocalipsis 1:9.
19. Juan 3:16.
20. Véase Romanos 8:30.
21. El nombre de Thomas fue cambiado para proteger su identidad, pero la conversación descrita es auténtica.
22. Véase Isaías 7:3; 8:1, 3, 5, 11 (énfasis mío).

Seis - ¡Solo di «sí»!
1. Juan 10:3, 4.
2. Anne Graham Lotz, *Daily Light* [Luz diaria] (Nashville: J. Countryman, 1998), Febrero 3. Incluí mi nombre en los versículos y cambié los pronombres para ayudarte a «escuchar» la forma en la que el Pastor me habló esa mañana.
3. Juan 4:35 y Lucas 10:2 – 3.
4. Mateo 28:19 – 20.
5. Éxodo 4:13.

Siete - ¡Mueve tus pies!
1. Ezequiel 1:28; 2:3.
2. Hechos 26:14 – 17.
3. Hechos 26:19.
4. Apocalipsis 1:17, 19.
5. Véase Juan 21:10 – 18.
6. 2 Corintios 5:14 – 15.
7. 1 Corintios 12:5.
8. Colosenses 3:23.
9. Véase Mateo 28:19 y Marcos 16:15.
10. Véase 2 Timoteo 1:5; 2:2.
11. El Tío Jimmy Graham no es nuestro pariente.
12. Pearl Back, el ganador del premio Nóbel de Literatura en 1938, es un autor que escribió, entre otros libros, *The Good Earth* [El buen planeta Tierra], que ganó el premio Pulitzer en 1931.
13. Efesios 2:10.
14. Véase Zacarías 4:10.
15. Véase Hechos 16:11 – 13.
16. Debo confesar que si enseñara la Palabra de Dios o predicara el evangelio durante años hasta el fin y la vida de ninguna persona fuese transformada jamás, me postraría sobre mi rostro y le preguntaría a Dios: *¿Por qué?* Aunque el impacto del ministerio es su responsabilidad, yo esperaría algún fruto eterno.
17. Mi paráfrasis del Salmo 16:11.

Ocho - ¡Quédate despierto!
1. Apocalipsis 2:2 – 4.
2. 2 Timoteo 1:6.
3. Véase Marcos 1:35; 6:46, 47; Lucas 3:21; 5:16; 6:12; 9:16, 18, 28; 11:1.

Whittier, «Dear Lord and Father of Mankind» [Querido Señor
dre de la Humanidad], 1872.

sta oración – poema fue escrito por Hill Briscoe para su sesión en
os avivamientos *Solo denme a Jesús*. Mis agradecimientos para ella por
concedernos el permiso para reproducirlo aquí.

6. «Santo, santo, santo». Letra original en inglés de Reginald Heber,
1826. Este himno clásico está basado en el texto de Apocalipsis
4:8–11.

7. Véase Isaías 43:12.

8. Véase Juan 1:1 – 2, 14.

9. Isaías 6:1 – 5.

10. Véase Salmo 66:18.

11. Véase 1 Juan 1:8, 10.

12. El verbo *confesar* en 1 Juan 1:9 significa literalmente afirmar lo
mismo que Dios afirma acerca de nuestro pecado.

13. William Cowper, «There Is a Fountain Filled with Blood» [Hay
una fuente llena de sangre], 1771. Las bellas palabras de este himno
fueron inspiradas por el texto de Zacarías 13:1.

14. Horatio G. Spafford, «It is Well with my Soul» [Mi alma está bien],
1873.

15. 1 Juan 1:9.

16. 1 Juan 1:7; Efesios 1:7; Hebreos 10:4, 5, 10, 15, 17. Cambié los
pronombres para hacer el texto personal y poner ahí mi nombre.

17. Hebreos 10:19 – 22. Alteré ligeramente la redacción para hacerla
más personal, y nuevamente inserté mi nombre en el texto.

18. Véase Juan 6:44.

19. Un gran recurso para la oración en esta área es el libro de Patrick
Johnstone, Robyn Johnston y Jason Mandryk, *Operation World*
[Operación Mundo], 21st Century ed. (Waynesboro, GA: Operation
Mobilization, Paternóster Lifestyle, 2001).

20. Juan 3:16.

21. Véase 2 Corintios 4:6.

22. Véase Mateo 24:14.

23. Mateo 11:28.

24. Isaías 42:3.

25. Isaías 61:1 – 3, que está registrado que Jesús leyó en Lucas
4:18–21.

26. Salmo 55:22.

27. Porque… si yo nunca paso por el fuego del sufrimiento, ¿cómo
conoceré toda la extensión del amor y poder glorioso de Dios
cuando él se manifieste… justo en la mitad de las llamas?

28. Cambién los pronombres en la letra de este himno de John
Whittier, «Dear Lord and Father of Mankind» [Querido Señor y
Padre de la Humanidad], 1872.

29. De acuerdo al sitio www.cyberhymnal.org, la letra de este bello
himno (en inglés) «Be Still, My Soul» [Permanece quieta, alma mía]
fue escrita en 1752 por Catarina A. von Schlegel y traducidas del ale-
mán al inglés en 1855 por Jane L. Borthwick.

30. Véase Apocalipsis 21:4.

31. Véase Efesios 1:17 – 19; 3:16 – 19; Colosenses 1:9 – 12. Una vez

más, ajusté algunos pronombres y otras palabras para hacer que las oraciones de Pablo se apliquen más de manera personal a ti.

32. Para saber formas específicas para orar por mí y por los Ministerios AnGeL, por favor visita nuestro sitio en Internet (en inglés), www.AnneGrahamLotz.com, o suscríbete a nuestro boletín informativo en AnGeL Ministries, 5115 Holly Ridge Drive, Raleigh, NC 27612 USA (en inglés).
33. Hechos 4:29.
34. Véase Mateo 6:13.
35. Daniel 9:17 – 19.
36. Véase 2 Timoteo 3:5.
37. 2 Crónicas 7:14.
38. Isaías 64:1.
39. Creo sinceramente en enseñarles a a nuestros hijos las Escrituras. Pero la forma en la que los instruimos es de vital importancia. Se acusa mucho pero se enseña poco. Mi madre hacía una broma respecto a que no le puedes a enseñar a un niño a que le guste comer espinacas si, cada vez que tú las comes, ¡ve que te dan náuseas! En otras palabras, necesitamos dejar que nuestros hijos nos «sorprendan» disfrutando la lectura de la Biblia y pasando tiempo sobre nuestras rodillas en oración si es que esperamos que ellos hagan lo mismo.

Epílogo

1. Isaías 57:15.
2. Hebreos 11:32 – 40.
3. Véase Efesios 5:26 – 27.

Nos agradaría recibir noticias suyas.
Por favor, envíe sus comentarios sobre este libro
a la dirección que aparece a continuación.
Muchas gracias.

Vida

ZONDERVAN

Editorial Vida
7500 NW 25th St. Suite 239
Miami, Florida 33122

Vida@zondervan.com
www.editorialvida.com